HERMANN MEYER
Das Schicksal würfelt nicht

GOLDMANN
Lesen erleben

Buch

Der Weg zu zweit durchs Leben ist nicht immer leicht. Wir stürzen uns in die Liebe, doch kaum verschwindet die rosarote Brille, entpuppt sich die Zweisamkeit als Achterbahn der Gefühle. Um eine gelungene Beziehung zu führen, bedarf es mehr als bloß Sturzhelm und Anschnallgurt. Bestseller-Autor und Partnerschaftsexperte Hermann Meyer führt uns Verhaltensstrategien vor Augen, aus denen wir die Gestaltung einer harmonischen Beziehung lernen können, und gibt uns das Handwerkszeug, mit dem wir den richtigen Partner finden und Beziehungsprobleme lösen. Ein praktisches und hilfreiches Buch für den Aufbau einer erfolgreichen Partnerschaft und den Weg zum Glück in der Liebe.

Autor

Hermann Meyer ist Partnerschafts- und Schicksalsforscher. Nach dem Studium der Psychologie und Naturheilkunde widmete er sich der psychosomatischen Forschung und war lange Vorstandsmitglied von IPSE (Psychosomatisches Forschungszentrum). Heute ist er Leiter der Partnership-Academy, gibt Einzel- und Gruppenberatungen, bietet Ausbildungen an und hält regelmäßig Wochenendseminare in München, Wien und Zürich zum Thema Partnerschaft und Persönlichkeitsentfaltung.

Von Hermann Meyer sind bei Goldmann bereits erschienen:

Die Gesetze des Schicksals (21875)
Jeder bekommt den Partner, den er verdient (21873)
Das Drehbuch des eigenen Lebens (21927)
Der Jackpot des Lebens (21958)

Hermann Meyer

Das Schicksal würfelt nicht

Warum jeder den Partner bekommt, den er verdient

GOLDMANN

Die Originalausgabe erschien 2003 unter dem Titel
»Jeder bekommt den Partner, den er verdient.
Der Beziehungs-Führerschein« im Trigon-Verlag, München.

Illustrationen: Peter Gaymann, Heinz Hartmann, Erich Rauschenbach,
Johannes Borer, Alex Winkler

Verlagsgruppe Random House FSC-DEU-0100
Das für dieses Buch verwendete FSC®-zertifizierte Papier
München Super liefert Arctic Paper Mochenwangen GmbH.

1. Auflage

Vollständige Taschenbuchausgabe, Februar 2013
Wilhelm Goldmann Verlag, München,
in der Verlagsgruppe Random House GmbH
© 2003 Trigon-Verlag, München
Umschlaggestaltung: Uno Werbeagentur
Umschlagmotiv: FinePic®, München
WL × Herstellung: cb
Satz: Fotosatz Amann, Aichstetten
Druck: GGP Media GmbH, Pößneck
Printed in Germany
ISBN 978-3-442-21884-4
www.goldmann-verlag.de

Inhaltsverzeichnis

II. Vater – Liebhaber – Mutter – Geliebte

III. Die feste Beziehung

IV. Die sieben Aufbauphasen
einer glücklichen Beziehung

Anhang

Vorwort

Viele Teilnehmer unserer Seminare und Kurse sagen immer wieder sinngemäß: »Wenn wir dies alles schon im Alter von zwanzig Jahren gewusst hätten, wären uns gigantische Umwege, viel Leid, Schmerz und Einsamkeit erspart geblieben.«

Leider hat das Thema »Partner- und Beziehungsfähigkeit« bisher noch nicht als Lehrfach Eingang in unsere Schulen gefunden.

Auf fast allen Lebensgebieten gibt es gewisse Regeln und entsprechende Kontrollinstanzen. Fast überall sind Eignungstests oder Prüfungen zu bestehen, Prinzipien zu beachten, Kompetenznachweise zu erbringen und Lizenzen zu erwerben, um für einen bestimmten Beruf oder für eine bestimmte Tätigkeit qualifiziert zu sein. Auch für das Fahren mit dem Auto ist ein Führerschein erforderlich. Doch wenn es darum geht, eine Beziehung zu führen, wird so getan, als ob jeder a priori dazu fähig wäre.

Auch wenn die gegenseitige Liebe noch so groß ist, eine gut funktionierende Beziehung ist damit keineswegs garantiert.

Eine Beziehung zu führen ist eine sehr anspruchsvolle und diffizile Aufgabe, zu deren Bewältigung eine entsprechende Vorbereitung notwendig ist. Deshalb bieten wir Grundkurse zum »Beziehungs-Führerschein« an.

Dieser Band gliedert sich in vier Teile: in die Kapitel »Angebot und Nachfrage«, »Vater–Liebhaber–Mutter–Geliebte«, »Die feste Beziehung« und »Die sieben Aufbauphasen einer glücklichen Beziehung«.

Im ersten Teil zeige ich auf, dass der Partnermarkt wie jeder Markt im System der freien Marktwirtschaft nach dem Prinzip von Angebot und Nachfrage funktioniert.

Der zweite Teil enthält die wichtigsten Kriterien, mit deren Hilfe sich der Leser über sein eigenes Angebot klar werden kann, das er in der Partnerschaft in die Waagschale werfen könnte, sowie eine Schilderung der Anziehungsmechanismen, die dadurch zu erwarten sind. Er bekommt Antworten auf die Fragen: »Verdiene ich, was ich bekomme, und bekomme ich, was ich mir wünsche?« Und: »Wie kann ich meine Chancen beim anderen Geschlecht maximieren?«

Im dritten Teil werden Wege beschrieben, wie man es schafft, sich aus festgelegten Rollen sowie »falschen« Beziehungs- und Liebesformen zu befreien.

Der vierte und letzte Teil handelt davon, wie man mit einem Partner, der im wirklichen Sinne zu einem passt, eine Beziehung aufbauen kann, die sich gänzlich von konventionellen Beziehungen unterscheidet und die eine reale Basis für langwährendes Glück und eine dauerhafte Liebe ist.

Hermann Meyer

I. Angebot und Nachfrage

Das Angebot regelt die Nachfrage

Im System der freien Marktwirtschaft ist die Gestaltung der wirtschaftlichen Beziehungen völlig dem freien Ermessen des Einzelnen überlassen. Dies bedeutet, dass nach freier Entscheidung produziert und konsumiert werden kann, dass der Austausch der Güter auf einem freien, unbeeinflussten Markt mit freiem Warenangebot und freier Nachfrage bei freier Preisbildung unter den Spielregeln eines allgemeinen Wettbewerbes stattfindet.

Vereinfacht ausgedrückt: Die Volkswirtschaftslehre versteht unter dem Markt jedes Zusammentreffen von Anbietern und Nachfragenden. Für jedes Gut, das auf dem Markt angeboten wird, sei dies nun eine Filmkamera, die eigene Arbeitskraft, ein Auto oder Heizöl, wird ein Preis verlangt. Umgekehrt muss für jedes Gut, das auf dem Markt nachgefragt wird, ein Preis bezahlt werden. Die Höhe des Preises ist abhängig von der Verfügbarkeit des betreffenden Gutes sowie der bestehenden Nachfrage.

Ein Beispiel: Besteht eine größere Nachfrage nach Heizöl als die Menge, die von den Produzenten angeboten wird, werden die Heizölpreise steigen. Dies signalisiert dem Unternehmer eine stärkere Nachfrage und höhere Gewinne, die er sich nicht entgehen lassen will. Also wird er mehr Heizöl produzieren, d. h., das Heizölangebot passt sich letztlich wieder der Heizölnachfrage an. Umgekehrt zeigt ein sinkender

Preis dem Unternehmer eine rückläufige Nachfrage an, was ihn dazu bewegen wird, die Produktion zu drosseln. Denn zum einen würden sonst die Lager überquellen und sich damit die Ertragslage verschlechtern, zum anderen führt eine Produktionsverlangsamung zu einer Verknappung der betreffenden Güter und wirkt so dem Preisverfall entgegen.

Was für den Verbrauchsgütermarkt zutrifft, gilt entsprechend für alle anderen Märkte, z. B. für den Arbeits-, den Geld- bzw. Kapital- oder Devisenmarkt, den Grundstücksmarkt – und auch für den Partnermarkt.

Der Unterschied: Bei Letzterem wird kein Preis gezahlt, jedenfalls kein finanzieller Preis.

Auch auf dem Partnermarkt geht es um Austausch, um Angebot und Nachfrage, und demzufolge gelten auch hier die Spielregeln eines allgemeinen Wettbewerbs.

Es ist wichtig, sich über seine Chancen auf dem Partnermarkt im Klaren zu sein, also über das eigene Angebot, das man unterbreitet, sowie über die eigene Nachfrage, also was man sich von einem Partner wünscht.

Außerdem heißt es, sich folgender Tatsache bewusst zu werden:

Das Angebot von Person A muss der Nachfrage von Person B entsprechen und das Angebot von Person B der Nachfrage von Person A, wenn es zu einer befriedigenden Partnerschaft kommen soll.

Mit anderen Worten: Jemand kann ein noch so gutes Angebot unterbreiten, wenn die Person, die er begehrt, andere Vorstellungen hat, kann sie mit diesem Angebot nichts anfangen. Wenn sie ihm daraufhin einen »Korb« gibt, bedeutet das lediglich, dass eine Inkongruenz von Angebot und Nachfrage vorliegt.

Es müssen deshalb folgende grundsätzliche Fragen geklärt werden: Was ist unter einem Angebot zu verstehen, welcher Art ist das Angebot, in welchem Kontext erfolgt es, und für wen ist es gedacht?

Ein reales Angebot unterbreitet jemand auf dem Partnermarkt, wenn er Fähigkeiten, Anlagen, Talente und Verhaltensweisen einbringt, die beim anderen Geschlecht gefragt sind. Man sollte deshalb das an Anlagen und Fähigkeiten in die »Auslage« stellen, wonach die potentiellen Partner suchen bzw. was diese sich wünschen, und nicht das, wovon man selbst glaubt, dass es für diese attraktiv sei. Der Köder muss schließlich dem Fisch schmecken und nicht dem Angler.

Ein Beispiel: Sarah (33) ist der Meinung, ihrem zukünftigen Partner ein ganz besonders attraktives Angebot zu unterbreiten. Sie sagt über sich: »Ich bin eine tolle, emanzipierte Frau, nicht so ein dummes Heimchen am Herd, betreibe Gymnastik, bin eine hervorragende Tänzerin, lese viel belletristische Literatur, bin an Mode, Kunst, Musik, Kino und Theater interessiert, kenne mich mit Wein und Cocktails aus und weiß, wie man sich in Nobelrestaurants zu benehmen hat.«

Doch bei all dem, was Sarah anbietet, handelt es sich primär um weibliche Interessen, die ein Mann aufgrund seiner anders gearteten Natur bzw. seiner anderen Bedürfnisse nur selten teilen kann. Ihr in ihren Augen wertvolles Angebot findet folglich kaum Abnehmer.

»Ich kann mir nicht vorstellen,
dass es einen Menschen gibt,
der nicht immer neue Bedürfnisse hat.«
(Ludwig Erhard)

Die Bedürfnisse bestimmen
die Nachfrage

Jeder Mensch hat Bedürfnisse und Wünsche. Bedürfnisse, die befriedigt werden müssen, um auch nur die einfachste Form des Lebens zu ermöglichen, nennt man Grundbedürfnisse oder Existenzbedürfnisse. Die Grundbedürfnisse von uns Menschen umfassen u. a. Nahrung, Wasser, Kleidung sowie ein Dach über dem Kopf.

Im Gegensatz zu Tieren und Pflanzen, hat der Mensch die Tendenz, nicht nur seine Grundbedürfnisse zu befriedigen, sondern darüber hinaus Wünsche zu kreieren und sich für deren Erfüllung einzusetzen. Sicherlich könnten wir alle, wenn es sein müsste, auch ohne Computer, Autos, Fernsehgeräte und feines Porzellan leben, sofern wir genügend Nahrungsmittel, Kleider und eine warme Behausung hätten. Es gibt heute noch viele Menschen, die zu dieser einfachsten Art des Daseins gezwungen sind. Aber genau wie sich auch die Wirtschaftsstufe, auf der zivilisierte Nationen leben, von der eines kleinen Stammes in Afrika oder Südamerika unterscheidet, so unterscheiden sich auch die entsprechenden Bedürfnisse. Als Angehörige eines hoch entwickelten Kulturkreises haben wir wesentlich mehr, aber auch differenzier-tere Bedürfnisse. Diese gehen über die Sicherung unserer bloßen Existenz weit hinaus. Somit kommen zu den Existenz- noch die Wohlstands-, Kultur- und Luxusbedürfnisse.

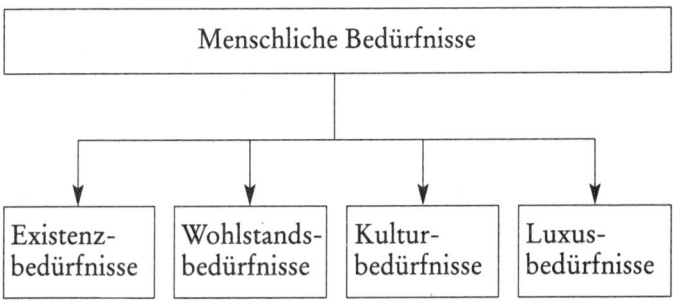

Durch den gehobenen Lebensstandard der Industrie-nationen entstanden die **Wohlstandsbedürfnisse.** Wach-sendes Einkommen und Vermögen führen zu immer neuen Wünschen. (Wilhelm Busch: »Ein jeder Wunsch, wenn er erfüllt, kriegt augenblicklich Junge.«) Das Streben nach Genuss beim Essen und Trinken gehört ebenso dazu wie das Streben nach Komfort beim Kleiden, Wohnen und Reisen.

Als **Kulturbedürfnisse** bezeichnet man z. B. die Wünsche nach Büchern, Vortragsveranstaltungen, Seminaren, Kon-zerten, Theatervorstellungen und Kunstausstellungen, also nach allem, was unser Wissen erweitert, unseren Bildungs-standard steigert, unser Lebensgefühl erhöht und damit über das rein Körperliche und Materielle hinaus zu unserer geis-tigen Befriedigung beiträgt.

Luxusbedürfnisse schließlich wurzeln im Hang zum Besonderen (wie z. B. zu wertvollem Schmuck, teuren Uhren, Haute-Couture-Modellen oder einer Motorjacht), also nach im Grunde Entbehrlichem und Überflüssigem. Viele würden gerne solche Luxusbedürfnisse befriedigen. Aber für die meisten besteht ein Missverhältnis zwischen ihren Wünschen nach Luxus und ihren Möglichkeiten, diese zu befriedigen. Bei der Einordnung der verschiedenen Bedürfnisarten spielen unterschiedliche Faktoren eine wesentliche Rolle, z. B. der Beruf, die gesellschaftliche Stellung, die Höhe des Einkommens, das Alter, das Geschlecht, die Klimazone des Wohnortes, der Grad der Gesundheit, die Zugehörigkeit zu bestimmten Bevölkerungsschichten, Nationen oder Religionen. All das lässt den Menschen die Vielzahl ihrer Bedürfnisse in jeweils anderer **Wertung** und damit anderer **Dringlichkeit** erscheinen.

Es macht also einen großen Unterschied, ob ein Partnersuchender ein bestimmtes Angebot in der Unter-, Mittel- oder Oberschicht macht bzw. ob dies in Deutschland, den USA, Afrika oder Asien geschieht.

Und entscheidend ist ferner die Frage: In welcher Zeitepoche oder während welcher Modeströmung macht jemand ein Angebot zur Bedürfnisbefriedigung? In den Fünfziger- und Sechzigerjahren des vergangenen Jahrhunderts hatte man wohl mit einem ganz anderen Angebot Erfolg als heute. Außerdem gilt es zu beachten, dass es neben den menschlichen Bedürfnissen, die die Wirtschaft kennt, auch noch andere Bedürfnisse gibt.

Man kann die Angebote, die man macht, unterteilen in:

körperliche Angebote

    (z. B. Attraktivität)

finanzielle Angebote

    (z. B. die Fähigkeit, Existenz-, Wohlstands- und Luxus-
bedürfnisse stillen zu können)

materielle Angebote

    (z. B. ein Haus)

Status- und Prestige-Angebote

    (z. B. Doktortitel, Diplom, Adelstitel etc.)

seelische Angebote

    (z. B. Warmherzigkeit, angenehme Wesensart)

geistige Angebote

    (z. B. gute Allgemeinbildung)

Anhand der nachfolgenden Standard-Anforderungsprofile, die aufgrund einer Umfrage bezüglich der Bedürfnisse, Vorstellungen und Wünsche von 1000 Männern und Frauen im Alter zwischen 25 und 55 Jahren entstanden sind, wird deutlich, welche Bedürfnisse besonders im Vordergrund stehen. Der Einzelne kann dabei durch Ankreuzen der entsprechenden Kästchen seine Selbsteinschätzung zum Ausdruck bringen (Selbstbild; wie man sich selbst sieht) und dann seinen Partner bitten, ihn nach diesen Kriterien zu beurteilen (Fremdbild; wie andere einen sehen).

Standard-Anforderungsprofil für den Mann

	wenig	mittel	stark
berufliche Stellung	☐	☐	☐
Einkommen	☐	☐	☐
Status und Prestige	☐	☐	☐
Intelligenz	☐	☐	☐
Bildung	☐	☐	☐
Attraktivität	☐	☐	☐
Körperpflege	☐	☐	☐
Kommunikation	☐	☐	☐
Humor	☐	☐	☐
Fähigkeit, eine Wohnung oder ein Haus zu erwerben	☐	☐	☐
Geschäftssinn	☐	☐	☐
kulturelle Interessen (Kunst, Musik, Oper, Operette, Theater)	☐	☐	☐

	wenig	mittel	stark
Eignung als Familienvater	☐	☐	☐
Eignung zum gemeinsamen Ausgehen (Besuch von Lokalen)	☐	☐	☐
Eignung für Freizeit- unternehmungen	☐	☐	☐
Treue	☐	☐	☐
Talent zum Tanzen	☐	☐	☐
Freude am Reisen	☐	☐	☐
Kleidung	☐	☐	☐
Tatkraft	☐	☐	☐
praktische und technische Begabungen	☐	☐	☐
gute Manieren	☐	☐	☐
Auto	☐	☐	☐
Großzügigkeit (Geschenke etc.)	☐	☐	☐
Kreativität	☐	☐	☐

Standard-Anforderungsprofil für die Frau

	wenig	mittel	stark
erotische Ausstrahlung	☐	☐	☐
Attraktivität	☐	☐	☐
Zärtlichkeit	☐	☐	☐
Einfühlsamkeit	☐	☐	☐
Anschmiegsamkeit	☐	☐	☐
Körperpflege	☐	☐	☐
sexuelles Verhalten	☐	☐	☐
Sinn für Schönheit und Ästhetik	☐	☐	☐
Kleidung	☐	☐	☐
Fähigkeit, Geborgenheit zu schenken	☐	☐	☐
Fähigkeit, in der Wohnung ein angenehmes Ambiente zu schaffen	☐	☐	☐

Mütterlichkeit	☐	☐	☐
haushälterische Fähigkeiten	☐	☐	☐
Intelligenz	☐	☐	☐
Bildung	☐	☐	☐
Kommunikation	☐	☐	☐
Humor	☐	☐	☐
Treue	☐	☐	☐
angenehme Wesensart	☐	☐	☐
Charme	☐	☐	☐
Natürlichkeit	☐	☐	☐
Selbstständigkeit	☐	☐	☐

Diese beiden Standard-Anforderungsprofile zeigen lediglich auf, was vom jeweils anderen Geschlecht am meisten erwartet wird. Man könnte jetzt noch weitergehen und jede Anforderung einzeln unter die Lupe nehmen. Nehmen wir als Beispiel die Freude am Reisen, die von einem Mann erwartet wird. Hier wäre zu fragen: Reist er lieber an die See oder in die Berge, will er dort surfen, tauchen oder baden bzw.

wandern, bergsteigen oder Ski laufen? Welches Urlaubsland bevorzugt er? Wohin will er auf keinen Fall? Macht er Bildungs-, Städte- oder Fernreisen oder gar eine Weltreise mit? Fährt er lieber mit dem Auto, der Bahn, dem Schiff oder fliegt er lieber mit dem Flugzeug? Sucht er im Urlaub eher Entspannung und Ruhe oder zieht er einen Aktivurlaub vor, z. B. eine Safari oder ein Sportcamp? Jede dieser Präferenzen kann in der Partnerschaft Anlass zu Frustrationen, Dissonanzen, Ärger und Streit geben.

Daraus folgt: Eine Anforderung erfüllen ist das eine, aber ob dies dann den individuellen, spezifischen Erwartungen und Vorstellungen des Partners entspricht, etwas völlig anderes.

In welchem Kontext
erfolgt ein Angebot?

Selbstverständlich kann so gut wie niemand allen aufgeführten Anforderungen gerecht werden. Mancher wird vielleicht nur drei oder vier Anlagen gut einbringen können und andere Erwartungen, die in ihn gesetzt werden, nicht erfüllen können. Dass jemand nur eine einzige Anlage als Angebot macht, ist allerdings selten. Eine solch isolierte Anlage würde ihm auch wenig nützen. Bringt ein Mann vorwiegend Humor ein, reicht das gewöhnlich nicht, um eine Frau für sich zu gewinnen. Sie lacht vielleicht gern mit ihm, sieht ihn aber mehr als Kasperle denn als potentiellen Partner. Treten zu dem Humor noch beruflicher Erfolg, Intelligenz und eine angenehme Art zu kommunizieren dazu, sieht die Situation schon ganz anders aus.

Ein anderes Beispiel: Wenn eine Frau als einzige wesentliche »Trumpfkarte« über Bildung verfügt, reicht dies im Allgemeinen nicht aus, um einen Partner anzuziehen. Wenn sie Pech hat, wird in diesem Fall ihre Qualität, gebildet zu sein, sogar noch entwertet. Hat sie zudem aber eine erotische Ausstrahlung, ist zärtlich und hat eine angenehme Wesensart, wird ihre Bildung zu einem wertvollen, geschätzten Gut.

In diesem Zusammenhang muss noch ein ganz entscheidender Punkt erwähnt werden: **Eine Anlage wird durch** eine andere Anlage in ihrem Inhalt, ihrer Auslebensform und ihrer Frequenz (Level) verändert.

Eine Frau, die primär mütterliche Qualitäten aufweist wie z. B. Zärtlichkeit, Natürlichkeit und Gutmütigkeit, stellt eine ganz andere Art von Mutter dar als eine, die außerdem emanzipiert und intellektuell ist sowie die Kunst der Rhetorik exzellent beherrscht.

Ihre Qualitäten als Mutter kommen in einem solchen Fall ganz anders zur Geltung. Auch werden die Kinder dieser beiden Mütter jeweils in eine ganz andere Richtung erzogen.

Ferner ist noch zu bedenken, dass es viele Menschen gibt, die andere Anlagen und Fähigkeiten haben als die im Anforderungsprofil genannten. Zwar sind diese Anlagen gewöhnlich weniger gefragt, aber es gibt letztendlich für fast alles einen Liebhaber. Es ist nur schwieriger und vor allem meist langwieriger, einen solchen dafür zu finden.

Ungünstige Eigenschaften
im Angebot

Auf dem Partnermarkt gibt es aber auch Angebote, die belastend bzw. störend wirken, z. B. folgende ungünstige Eigenschaften oder destruktive Verhaltensweisen:

- übertriebener Aktionismus
- Aggressivität
- Trivialität
- ständiges Reden
- sich dauernd verletzt fühlen
- permanente Angeberei
- Unselbstständigkeit
- überdimensionierter Ausgehdrang
- Kritiksucht
- Unsauberkeit
- Unentschlossenheit
- überzogenes Machtgebaren
- Dogmatismus
- Fanatismus
- Reisesucht
- Rechthaberei
- Schuldprojektionen
- Trotzhaltung
- ständige Antihaltung

- permanenter Widerstand
- Suchtverhalten
- Nicht-alleine-sein-Können

Die Energieräuber und ihre Opfer

Nun wirken sich solche negativen Eigenschaften beileibe nicht immer chancenminimierend aus. Sie haben manchmal sogar mehr Nachfrage zur Folge als positive, konstruktive Anlagen und Fähigkeiten. Es gibt nämlich viele Menschen, die aufgrund ihrer frühkindlichen Prägung nur einen Partner brauchen können, der ihre frühere Kindheitssituation wieder aufleben lässt und ihnen ähnliche Gefühle, Stimmungen, Schwierigkeiten und Konflikte liefern kann, wie sie sie früher in ihrem Elternhaus erlebt haben. So wie damals kommt es nun auf einer neuen Ebene zu einer ähnlichen Rollenteilung – der eine spielt Vater oder Mutter, der andere das Kind, der eine ist der Energieräuber, der andere das Opfer. Hier sei jedoch ausdrücklich festgestellt, dass nicht immer das Kind das Opfer ist. Beide Partner spielen ein Theaterstück, das mit der Wirklichkeit im Hier und Jetzt oft überhaupt nichts zu tun hat. Deshalb sind solche Spiele nicht nur energie- und zeitraubend, sondern vor allem ineffizient, d. h., es kommt so gut wie nie etwas Positives dabei heraus. Derartiges neurotisches Verhalten bedeutet Lebensverarmung, bedeutet ärmer zu werden an Besitz, Geld, Zeit, Energie, Konzentration sowie an Kraft zu konstruktivem Handeln. Die Lebensverarmung tritt ein durch das Zurückstellen der eigenen Bedürfnisse zugunsten der Bedürfnisse des Partners, durch die ständige Anpassung an den Partner, durch die Verleugnung des eigenen Lebens, durch den Verlust an eigener Lebenszeit, der durch den Partner bedingt sein kann, und vor allem durch Macht, Kontrolle, Unterdrückung und Fremdbestimmung, die häufig in einer Beziehung vorherrschen.

Der Partner fungiert in solchen Fällen als Belastung, Zeiträuber, Stressfaktor und vor allem als »Energiesauger«.

Es stellen sich in diesem Zusammenhang zwei Fragen, und zwar erstens, welche Art von Energie der Partner einem raubt, und zweitens, wieso es überhaupt zu einem solchen Energieraub kommen kann.

Hier die Antworten: Wenn der eine seine Energien nicht auslebt, lädt er den anderen dazu ein, diese für sich zu verwenden. Setzt jemand etwa seine Durchsetzungsenergie nicht ein, nimmt sein Partner (oder ein anderer Mitmensch) diese Energie auf und »saugt« sich damit regelrecht voll. Unter normalen Umständen hätte dieser nur seine ureigene Durchsetzungskraft zur Verfügung, so aber bekommt er einen zusätzlichen »Kick«, und seine Energie nimmt entsprechend zu.

An dieser überdimensionierten Durchsetzungskraft des Partners kann also der Betreffende ablesen, dass ihm womöglich Energie geraubt wurde und um welche Energie es sich dabei handeln könnte.

Er kann erkennen, dass er seine Durchsetzungsfähigkeit besser entwickeln müsste, damit sich sein Partner bzw. Mitmensch diese Energie nicht mehr einverleiben und mit ihr »aufplustern« kann. Was hier exemplarisch anhand der Durchsetzungsenergie dargestellt wurde, gilt für jede Art von Energie. So lebt der Revierverletzer von der mangelnden Abgrenzungsenergie der anderen, der Totredner davon, dass seine Partner ihre Kommunikationsenergie zu wenig einsetzen, der Blender speist sich vom »Licht« seiner Mitmenschen, die dieses »unter den Scheffel stellen«, und dem Maßregler und Richter kommt gelegen, dass sich andere ihrer eigenen Lebensrechte nicht genügend bewusst sind.

Tragisch wird all dies dadurch, dass der Energieräuber dem Partner nicht nur Lebensenergie entzieht, sondern auch Krankheiten bei ihm auslöst. Wie ist so etwas möglich? Durch seine »räuberische« Verhaltensweise entstehen beim Mitmenschen ungute Gefühle, die weitere Energie entziehen bzw. zu einer Somatisierung führen können. Kein Gefühl steht für sich allein, vielmehr laufen synchron dazu immer auch entsprechende körperliche Prozesse ab. So ist etwa die Aggression – wie jedes Gefühl – immer ein psychosomatisches Gesamtgeschehen. Aggression kann also nie isoliert, d. h. ohne gleichzeitige körperliche Reaktion, in Erscheinung treten. Bei diesem Gefühl ist z. B. mit einer vermehrten Adrenalinausschüttung, einer Veränderung der Pulsfrequenz, des Blutdrucks, der Atmung oder der Magen-Darm-Tätigkeit zu rechnen. Auf diese Weise kann andauernder Ärger Entzündungen verursachen, das Gefühl, unter Zwang und Druck zu stehen, Spasmen (Verkrampfungen) erzeugen und das Gefühl von Unruhe und Spannung Unfälle sowie Nervenleiden herbeiführen. Man kann sogar so weit gehen und Krankheiten nach psychosomatischen Kriterien einteilen, je nachdem, ob sie durch Druck und Erwartungshaltungen, Hektik, Traurigkeit, Sehnsucht, Depression, Überforderung, Angst, Ärger oder Zwang entstanden sind.

Aufgrund dessen ergibt sich folgende Übersicht:

Energieräuber	Verlust beim Mitmenschen	ausgelöste Gefühle bei den anderen	ausgelöste Krankheiten bei den anderen*
der Egoist	Verlust des Egos	Gefühl der Schwäche und Kraftlosigkeit; Wut	Kopfschmerzen; Gallebeschwerden
der Aggressor	Verlust der eigenen Durchsetzungsenergie	Ärger	Entzündungen; Verletzungen; Blutungen; Fieber
der Revierverletzer	Verlust der eigenen Abgrenzungsenergie; Verlust des eigenen Reviers; Verlust der Sicherheit	Gefühl der Unsicherheit; Gefühl, ohne Grenzen zu sein	Hals- und Rachenbeschwerden; Gewichtsprobleme
der Status- und Prestige-Verkörperer	Verlust von Eigenwert	Minderwertigkeitsgefühle; Neid	Schwächezustände; Suchtprobleme
der Totredner	Verlust der eigenen Darstellungsmöglichkeit	Beengungsgefühle; das Gefühl, einen Kloß im Hals zu haben; das Gefühl, blockiert zu sein	Bronchial- und Lungenleiden
der Launische	Verlust der eigenen Gefühle; Verlust der Möglichkeit, eine eigene Stimmung zu schaffen	depressive Gefühle; Gefühl der Ungeborgenheit und Heimatlosigkeit; Gefühl, paralysiert zu sein	Unwohlsein; Gastritis;Schleimhaut-Affektionen; Magengeschwüre; Ausfluss (Fluor albus)
der Angeber; der Blender	Verlust von »Licht«; Verlust der eigenen Stärken und des eigenen Selbstbewusstseins	mangelndes Selbstbewusstsein; Gefühl, im Schatten zu stehen	Herz- und Kreislauferkrankungen; Vitalitätsverlust

Energieräuber	Verlust beim Mitmenschen	ausgelöste Gefühle bei den anderen	ausgelöste Krankheiten bei den anderen[*]
der Nörgler	Verlust der Wahrnehmung der eigenen Identität; Verlust von Selbstanalyse und Selbstkritik	Gefühl, an einer Wahrnehmungsstörung zu leiden	Sehstörungen; Hörstörungen (Hörsturz etc.); Darmbeschwerden
der (Schein-)Harmonische	Verlust der Möglichkeit, sich wirklich mit dem anderen auseinanderzusetzen; Verlust des Rechts, sich auszugleichen	Disharmonie; Gefühl der Dissonanz; Gefühl der Antipathie	Nieren- und Blasenleiden; Hautkrankheiten
der Dominante	Verlust von Macht über sich selbst; Verlust der eigenen Vorstellungen und der eigenen Lebensleitlinie	Ohnmachtsgefühle; Gefühl, unter Druck zu stehen	Spasmen; Sexualleiden
der »Edle«	Verlust von Sinn und Verlust der eigenen Lebensphilosophie	Gefühl der Sinnlosigkeit	Leberleiden; Gewichtszunahme; Ischiasbeschwerden; Hüftgelenkserkrankungen
der Moralische (Maßregler, Richter)	Verlust von eigenen Rechten und Zielen	Schuldgefühle; Schamgefühle; Gefühl, ohne eigene Rechte als Mensch zu sein; Gefühl der Überlastung; Kältegefühle	Kniebeschwerden; Rückenleiden; Wirbelsäulenerkrankungen; Bandscheibenvorfälle; Rheumatismus
der Überlegene	Verlust von eigener Entwicklung	Unterlegenheitsgefühle; Gefühl, aus der Haut fahren zu müssen; Nervosität	allgemeine Nervosität; Nervenentzündungen; Venenleiden; Krampfadern
der Intrigant	Verlust der Möglichkeit, selbst Hintergründe zu erfassen und sein Bewusstsein zu erweitern	Gefühl von psychischer Lähmung; Angstgefühle	Störungen der Hypophyse und der innersekretorischen Drüsen

[*]Selbstverständlich muss jemand die Disposition zu einer solchen Somatisierung mitbringen. Außerdem gelingt es vielen Menschen, den durch den Energieräuber verursachten Energieverlust anderweitig auszugleichen. Auch ist entscheidend, wie viel Zeit man mit einem Energieräuber verbringt und in welcher Intensität der Kontakt mit ihm stattfindet.

Diese Krankheiten wiederum entziehen dem Opfer erneut Energie.

Der Energieräuber hat also für sein Opfer drei ungünstige Wirkungen:

1. verringerte Lebensenergie,
2. ungute Gefühle, die oft stundenlang dessen Seelenleben belasten und zudem ebenfalls Lebensenergie entziehen,
3. Krankheiten, die entweder
   a) somatisierte Gefühle darstellen
      oder
   b) aufgrund von Erschöpfung der Lebensenergie zustande kommen.

Sie zehren den letzten Rest von Lebensenergie auf.

*»Vor den Türen der Macht ist
das Gedränge am größten.«
(Siegfried und Inge Starck)*

Der Machthaber und sein Opfer

Katja (32) war seit zehn Jahren mit Philipp (38) verheiratet, einem tüchtigen Handwerksmeister mit eigener Firma. Sein Erfolg und die damit verbundene finanzielle Prosperität stiegen Philipp sehr schnell zu Kopf. Er hielt sich für den Nabel der Welt und verursachte durch sein Machtgebaren, dass andere in seiner Gegenwart ängstlich und unsicher wurden. Philipp ließ nur seine Meinung gelten und setzte seine Vorstellungen rigoros durch. Und obwohl Katja auf manchen Gebieten keinerlei Zweifel hatte, dass ihre Meinung richtig war, steckte sie immer wieder zurück. Schließlich führte Katja nur noch das aus, was Philipp ihr befahl. Immer seltener entwickelte sie eigene Meinungen und Vorstellungen, zu oft hatte sie die Erfahrung gemacht, dass sie dafür von Philipp nur Hohn und Spott erntete.

Philipp war der klassische »Räuber« auf dem Gebiet von eigener Macht, eigenen Vorstellungen und eigener Lebensleitlinie, Katja stellte das klassische Opfer dar, das ohne echten Widerstand zuließ, dass ihr die entsprechenden Lebensenergien geraubt wurden.

Apropos Opfer! So mancher, der sich opfert, glaubt, damit eine gute Tat zu vollbringen. Er fährt z. B. einen Bekannten, der bei ihm zu Besuch war, nachts nach Hause, verrichtet eine Arbeit, die sonst keiner machen will, stellt eigene Bedürfnisse und Ansprüche zurück oder opfert sich für sein Kind auf.

Doch häufig erfährt der sich Aufopfernde für seine Hilfsbereitschaft weder Dank, noch wird er dafür belohnt. Im Gegenteil! Es kommt nicht selten vor – um bei den obigen Beispielen zu bleiben –, dass er dabei etwa in einen Verkehrsunfall verwickelt wird, ihm bei Arbeiten, die er aus Gefälligkeit erledigt hat, Fehler unterlaufen und er dafür scharf gemaßregelt wird oder dass er sich bei diesen Arbeiten verletzt, dass sein Kind ihm allen Ernstes vorwirft, er habe sich noch zu wenig um es gekümmert, oder dass es sich zu guter Letzt zu einem kleinen Tyrannen entwickelt.

Wie kann es so etwas geben? Warum wird man für seine Gutmütigkeit und seine guten Taten oft so wenig belohnt oder sogar dafür noch bestraft? Was läuft da für eine Gesetzmäßigkeit ab?

Die meisten Menschen opfern sich, weil sie eine Norm oder ein Ideal erfüllen, anständig, lieb und brav sein sowie als »gute« Menschen gelten wollen. Und werden prompt dadurch vermehrt mit »bösen« Menschen konfrontiert, die diese Gutmütigkeit ausnutzen. Nur so passen Schlüssel und Schloss zusammen. In diesem Sinne bedeutet Opfer erbringen, dass vom eigenen Leben etwas wegkommt, dass ein Stück eigenes Leben, d. h. eigene Bedürfnisse, Ansprüche, Rechte, Energien und Lebensziele geopfert werden.

Wer jedoch etwas von sich opfert, ist zum Täter an sich selbst geworden! Er fungiert als Täter in der eigenen Innenwelt, in der eigenen Natur, und treibt Raubbau an deren Ressourcen. Dieser Raubbau in der Innenwelt zieht magisch

Energieräuber in der Außenwelt an. **Das, was dem Betroffenen in der Außenwelt angetan wird, hat er sich innen bereits selbst angetan!** Der Energieräuber, dem man außen begegnet, ist also nur ein Gleichnis für den Energieraub innen, den man an sich selbst verübt hat. Er kann insofern als Bewusstmacher des eigenen Unbewussten angesehen werden und einem – wenn man die Situation richtig zu deuten vermag – teure Psychotherapie-Stunden ersparen.

»Was du sagst, verweht im Wind.
Nur was du tust, schlägt Wurzeln.«
(Karl Heinrich Waggerl)

Der Totredner und sein Opfer

Vielleicht können wir diese Problematik anhand eines Viel-
schwätzers, einer Quasselstrippe, eines Totredners – oder
wie auch immer man diesen Typus Mensch bezeichnen
mag – und seinem Opfer etwas näher beleuchten. Der Vielschwätzer war entweder als Kind gehemmt im Sprechen,
etwa weil er extrem eingeschüchtert wurde oder weil ihm
verboten wurde zu sprechen, wenn Erwachsene reden. Deshalb kompensiert er später diese Hemmung durch ständiges,
zwanghaftes Reden, um so seiner Umwelt zu zeigen, dass er
diese nun abgelegt hat. Diese Kompensation ist für ihn oft
wie ein Rausch. Er ist dann so von sich angetan, dass ihm
vor lauter Begeisterung die Augen wässrig werden. Oder er
hatte schon in jungen Jahren ohne Unterlass geredet, um
andere Hemmungen, Probleme und Konflikte in seinem
Persönlichkeitssystem zu unterdrücken, z. B. Mangel an
Mut oder Tatkraft, um vom Wesentlichen abzulenken oder
häufig auch, damit er nicht zu handeln brauchte.

Dieser Redekompensator kommt nun mit einem Rede-
gehemmten zusammen. Vielleicht wehrt sich Letzterer, als
solcher bezeichnet zu werden, weil ihm seine rhetorischen
Schwächen nicht bewusst sind. Er hat im Allgemeinen nicht
den Eindruck, sich in bestimmten Situationen nicht richtig

ausdrücken zu können oder nicht in der Lage zu sein, Dinge, die ihm wichtig sind, zu artikulieren. Und dennoch fällt er gegenüber dem Redekompensator in die Hemmung. Der Redekompensator beginnt gewöhnlich das Gespräch und zeigt die Richtung an. Er gibt die Themen vor, über die gesprochen wird, und zwingt den anderen in die Rolle des passiven Zuhörers. Der andere darf höchstens positive Reaktionen zeigen, am besten nur mit dem Kopf nicken, also dessen Ansichten bestätigen, z. B. sagen: »Ja, so ist es!« Während der eine permanent spricht, verliert der andere mehr und mehr den Zugang zu seiner Natur, jedes eigene Gefühl und jeder eigene Gedanke werden im Keim erstickt. Nach der Begegnung mit einem Totredner fühlt sich der Redegehemmte lebend tot, wie erschlagen, ausgelaugt, kräftemäßig ausgepumpt. In dem »Gespräch« wurde ihm eine große Menge Energie geraubt, während der Redekompensator daraus Kraft geschöpft hat und – energetisch aufgetankt – guter Dinge von dannen zieht. Die Zuhörerrolle strengt nämlich gewöhnlich mehr an als die Rolle als Gesprächsführer. Auch hier hat derjenige, der sich überwiegend in die Zuhörerrolle drängen ließ, eine Opferbereitschaft an den Tag gelegt. Vielleicht hat er den anderen aus Anstand reden lassen, vielleicht hörte er auch in sich die Stimme seines Überichs, die ihm zuflüsterte: »Du bist egoistisch, wenn du im Gespräch die Initiative ergreifst und nur über das reden willst, was dich interessiert!« Oder: »Was hast du denn schon zu sagen? Deine Erlebnisse und deine Themen sind unwichtig und banal im Vergleich zu dem, was andere zu sagen haben.«

Der Redegehemmte greift sich also selbst aufgrund erlernter Anstandsregeln mit seinem Überich an, torpediert seine innere Natur mit schweren Geschützen und wundert sich bei allem noch, dass es ihm während und nach der Begegnung mit dem Vielschwätzer seelisch nicht gut geht. Um es nochmals zu betonen: Es geht ihm **während** des Gesprächs nicht gut, und er braucht **nach** dem Gespräch unter Umständen mehrere Stunden, um sich davon zu erholen.

Als Faustregel gilt: Die Rekonvaleszenz dauert in etwa so lange wie die ungünstige Einwirkung von außen und die damit synchron verlaufende Selbstsabotage. Man muss sich das einmal vor Augen führen: Hat sich jemand vier Stunden einem Energieräuber ausgesetzt, hat er acht Stunden seiner wertvollen Lebenszeit verloren. Erst nach acht Stunden kann er wieder an den Energielevel anknüpfen, den er vor der Begegnung mit diesem gehabt hatte. Oft dauert die Erholungszeit noch länger, nämlich dann, wenn sich der Betreffende, anstatt alles dafür zu tun, um psychisch wieder zu Kräften zu kommen, auch noch darüber ärgert, dass er sich im Gespräch so unterbuttern ließ, dass sein ganzer Tagesplan durch den Raub seiner Energien durcheinanderkam, dass er in der Zeit kaum etwas Produktives und Konstruktives erledigen konnte, dass er wichtige Dinge auf den nächsten Tag verschieben musste. Manchmal schmerzt es einen im Nachhinein, wenn man einem anderen die Gesprächsführung überlassen hat, weil man glaubte, er hätte Wichtigeres als man selbst zu sagen, und dann erkennen musste, dass dessen Ausführungen an Banalität und Trivialität kaum zu übertreffen waren.

Viele hadern in solchen Fällen mit sich selbst und sagen: »Hätte ich mich doch selbst mehr eingebracht oder mich besser gegenüber dem Energieräuber abgegrenzt, dann wäre ich nicht in eine so große Zeitnot geraten!«

Und es geht noch weiter! Weil sie zeitlich in Bedrängnis geraten sind, konnten sie verschiedene Dinge nicht mit der nötigen Sorgfalt erledigen, was wiederum neue negative Wirkungen auslöste – eine Kette ohne Ende.

»Die Stimmung ist alles im menschlichen Leben.
Sie macht aus Steinen Gold und aus Gold Steine.«
(Heinrich Laube)

Der Launische und sein Opfer

Ein launenhafter Mensch raubt seinem Partner Gefühls-
energie. Er spielt mit ihm »Katz und Maus« und schickt ihn
auf diese Weise in ein Wechselbad der Gefühle. Sein Opfer
rätselt oft schon zu Beginn der Beziehung: »Habe ich irgendetwas falsch gemacht, habe ich irgendetwas gesagt, das den
anderen verletzt haben könnte? Was ist der Grund, dass sich
mein Partner so und nicht anders verhält?« Der Launenhafte reagiert nicht auf seinen Partner, er agiert sich vielmehr aus. Er lebt seinen Gefühlsegoismus, dabei nimmt er
keine Rücksicht auf die Empfindungen anderer. Nur seine
eigenen Gefühle haben für ihn Bedeutung, die Gefühle anderer kann er entweder nicht wahrnehmen oder er setzt sich
einfach über sie hinweg. Der launenhafte Mensch bestimmt
die Stimmung z. B. im Wohnzimmer, nur zu oft herrscht da
»dicke Luft«. Er ist in Gefühlsangelegenheiten so dominant,
dass er seinem Partner keine Gelegenheit gibt, eine eigene
seelische Stimmungslage zu entwickeln oder gar die Atmosphäre der Beziehung mitzubestimmen.

Es ist für sein Opfer sehr schwer, sich von ihm abzugrenzen, denn die Stimmung, die der Launenhafte verbreitet,
durchströmt die gesamte Wohnung, setzt sich gleichsam an
jedem Möbelstück und jedem Gegenstand fest. Hilflos muss

sein Opfer abwarten, bis es dem Launenhaften irgendwann wieder besser geht und der »Gefühlsterror« nachlässt. Das kann oft Tage dauern, in Extremfällen sogar lange, quälende Wochen. Zusätzlich signalisiert der Launenhafte seinem Partner: »Du bist schuld, dass ich mich so schlecht fühle. Mit einem anderen Partner wäre alles viel schöner!« Tatsache ist jedoch, dass es völlig egal ist, wer und was der andere ist oder wie er sich verhält. Der launische Mensch reproduziert immer wieder das gleiche Muster, nämlich am anderen seine Launen auszulassen, ihn dadurch zu quälen und zu beherrschen. »Erdreistet« sich das Opfer, einmal die Situation anzusprechen, gibt es oft massiven Streit, und die ungute Atmosphäre verschärft sich beträchtlich.

In der Zeit, in der die schlechte Stimmung vorherrscht, ist der in Gefühlsangelegenheiten Unterlegene oft wie paralysiert. Er kommt sich vor, als wäre er lebend tot, kann die alltäglichen Pflichten des Lebens nur noch apathisch erfüllen. Wie in Trance eilt er durch die Straßen, erledigt an seinem Arbeitsplatz seine Aufgaben, gedankenverloren nimmt er seine Mahlzeiten ein. Als seelisch schwer Verwundeter ist er nur noch ein Schatten seiner selbst. Er kommt zu keinem eigenen Fühlen, er ist nicht in der Lage, sein Leben so zu gestalten, dass es erfüllend und lebenswert ist. Der »Gefühlsraub« durchtrennt quasi seinen Lebensnerv.

Eine besondere Tragik besteht darin, dass auch der Energieräuber letztendlich in seiner Entwicklung nicht weiterkommt. Indem sein Opfer ihm unbewusst einen Köder in Form eines Lebensenergiebündels präsentiert, wird der Täter in Versuchung geführt. Unbewusst stürzt sich der

Energieräuber meist gierig auf das geopferte Stück Leben des anderen und beginnt, es sich einzuverleiben. »Ah!«, sagt sein Unbewusstes. »Hier liegt ein Sonderangebot vor! Hier können wir in Aktion treten. Den können wir angreifen, unterdrücken, fremdbestimmen, manipulieren, dominieren, vereinnahmen, maßregeln, hemmen, verunsichern, täuschen …!«

Und in den Akten des Angreifens, des Unterdrückens, des Fremdbestimmens, des Manipulierens, des Dominierens, des Vereinnahmens, des Maßregelns, des Hemmens, des Verunsicherns und des Täuschens verliert sich der Energieräuber selbst aus den Augen. Er kann sich zwar energetisch aufladen, aber er vertut seine wertvolle Lebenszeit für diese Akte anstatt seine eigene Identität zu entdecken und zu leben. Wer seinen eigenen Weg nicht geht und seine ureigenen Ziele nicht verwirklicht, kommt in seinem Leben kaum vorwärts. Da ihm an allen Ecken und Enden immer wieder neue verlockende Angebote zum Energieraub gemacht werden, wähnt er sich im Schlaraffenland. Der Raub wird zu einer Sucht, der er nicht widerstehen kann. In seinem Delirium weiß er gar nicht mehr, wer er ist und wer er werden möchte. Meilenweit von der Wirklichkeit des Lebens entfernt, tanzt er mit seinem Opfer gleichsam auf einem großen Maskenball. Er wird zwangsläufig enttäuscht werden, denn irgendwann kommt auch für ihn die Stunde der Wahrheit. Wenn die Masken abgelegt werden und das wahre Selbst zum Vorschein kommt, steht er mit leeren Händen da.

Es würde den Rahmen dieses Buches sprengen, sämtliche Energieräuber-Typen so detailliert zu beschreiben, wie wir es bei dem Machthaber, dem Totredner und dem Launischen getan haben.

Dennoch dürften die Ausführungen über die Energieräuber und ihre Opfer deutlich gemacht haben, dass die ursprüngliche Behauptung nicht aus der Luft gegriffen ist, dass auf dem Partnermarkt oft mehr Nachfrage nach »negativen« Angeboten besteht als nach »positiven«; man braucht hierzu nur das eigene Umfeld und die Gesellschaft schlechthin zu betrachten, wo an allen Ecken und Enden die neurotischen Spiele zwischen »Räuber« und »Opfer« zu beobachten sind.

Es ist kaum zu glauben, aber es entspricht in einer Welt der Kollektivneurose der Wirklichkeit:

Jemand, der sich (psychisch) treten lässt, der zulässt, dass man ihn angreift, entwertet, hemmt und unterdrückt, macht ein »wertvolles« Angebot.

Aber es gilt auch:

Wer unbewusst den Drang in sich spürt, andere psychisch zu gängeln, anzugreifen, zu entwerten, zu hemmen und zu unterdrücken, unterbreitet ebenfalls ein »kostbares« Angebot.

Beide Angebote sind so ungemein attraktiv, dass ganze Heerscharen an potentiellen Partnern nur darauf warten, dass ein »Räuber« oder ein »Opfer« »frei« wird und somit wieder zu haben ist. Auf diese Weise kann dann dasselbe oder ein ähnliches Spiel wieder von vorne beginnen. Neben dem Unterdrücker und dem Unterdrückten sind auf dem Partnermarkt noch besonders gefragt: Alkoholiker (insbesondere, wenn sie der Mittel- und Oberschicht angehören) und die entsprechenden Co-Alkoholiker sowie Menschen, die sich in die Rolle des Unbeholfenen oder gar »Dummen« drängen lassen und auf diese Weise den »Elternrollenspielern« die Gelegenheit geben, sich dauernd über sie aufzuregen.

Im Grunde genommen schließen »Räuber« und »Opfer« einen unbewussten Vertrag, der da lautet: »Ich mach dich fertig, und du lässt dich fertigmachen.« Die neurotischen Muster der beiden passen zusammen wie Schlüssel und Schloss.

»Gegen eine Dummheit,
die gerade in Mode ist,
kommt keine Klugheit auf.«
(Theodor Fontane)

Falsche Annahmen und Unterstellungen

Es kann jedoch auch sein, dass sich manches bei einem Menschen, der die Opferrolle übernommen hat, nur imaginär abspielt und dieses innere Szenario vielleicht mit der Wirklichkeit überhaupt nichts zu tun hat. Vielleicht tendiert der Betreffende auch dazu, bestimmte Eigenschaften auf den anderen zu projizieren, um die von der Kindheit her gewohnte Opferrolle und die damit im Zusammenhang stehenden Gefühle reproduzieren zu können.

So nahm Tatjana an, dass Dennis, ihr langjähriger Freund, ihr seine Liebe nur als Almosen geben würde, und weinte deshalb immer wieder bitterlich. Sie hielt an dieser Annahme fest, obwohl Dennis alles versuchte, um ihr klarzumachen, dass dies total aus der Luft gegriffen wäre und er sie wirklich liebte.

Sigrid projizierte auf Alfons, dass er sie von der Öffentlichkeit fernhalten bzw. sie verstecken oder nicht zu ihr stehen wolle. In Wirklichkeit war Alfons nur ein häuslicher Typ, der keine Lust hatte, ständig auszugehen.

Karl sah seine Frau Esther als extrem egoistisch an. Er

fühlte sich von ihr zu wenig beachtet und geachtet. Über diese Projektion gelang es ihm, dieselben Gefühle wiederzuerleben, die er im Elternhaus hatte, nämlich Gefühle der Nichtbeachtung und Entwertung.

In all diesen Fällen ist es fast aussichtslos, den Betreffenden die Wirklichkeit nahezubringen oder sie u. U. gar vom Gegenteil zu überzeugen. Sie halten an ihren falschen Annahmen fest wie Schiffbrüchige an einem Masten. Sie brauchen diese Projektionen dringend, um selbst »Kind« bleiben zu können bzw. nicht erwachsen werden zu müssen.

Es gibt jedoch auch noch andere Formen von Projektionen. Manche Menschen schätzen ihre Partner oder Mitmenschen völlig falsch ein, weil sie die Situation nur von ihrer subjektiven Sicht aus sehen und sich zu wenig bewusst sind, dass andere Menschen eine andere psychische Struktur, eine andere Geschichte – und daher völlig andere Motivationen – haben können.

So projizierte Ulla auf Ronald, mit dem sie seit drei Jahren zusammenlebte, dass er »böse« und »dumm« sei. Ronald bemerkte kurz nach dem Einzug in die gemeinsame Wohnung, dass Ulla im Haushalt seiner Meinung nach viel zu sorglos mit Putz- und Scheuermitteln, Pflege- und Kosmetikartikeln sowie mit Pflanzenschutz- und Schädlingsbekämpfungsmitteln umging. Ulla war jedoch der Ansicht dass, wenn einige dieser chemischen Mittel wirklich so schädlich wären, wie Ronald dies darstellte, diese gar nicht mehr hergestellt werden dürften oder schon längst aus dem Verkehr gezogen worden wären. Im Laufe der Zeit wurde Ulla wegen der steten Warnungen und Vorhaltungen Ronalds immer ungehaltener und aggressiver. Schließlich kam sie zu dem Schluss, dass Ronald sie nur schikanieren wollte und er geistig nicht ganz zurechnungsfähig wäre, zumal auch ihre Mutter und ihre Freundinnen diese Artikel schon seit langem verwendeten und keinerlei gesundheitliche Schäden bei ihnen aufgetreten waren. Eines Tages trennte sie sich nach einem heftigen Streit von Ronald, weil sie mit einem Menschen, der nach ihrer Überzeugung destruktiv, bösartig und dumm war, nichts mehr zu tun haben wollte. Ulla: »Ich will in Harmonie und Frieden leben, aber das ist mit ihm einfach nicht möglich.«

Da Unterstellungen und Projektionen – z. B., der andere sei böse oder dumm – häufig bei beiden Geschlechtern vorkommen, sei an dieser Stelle kurz darauf eingegangen:

Es gibt fünf verschiedene Typen von »Bösewichtern« in der Partnerschaft:

1. Partner, die aus der eigenen subjektiven Sicht als »böse« erscheinen, weil man deren Motive und deren Verhalten nicht verstehen kann,

2. Partner, die als »böse« angesehen werden, weil man auf sie grundlos »Schlechtigkeiten« projiziert, was mit der Wirklichkeit also nichts zu tun hat,

3. Partner, die nur deshalb als »böse« erscheinen, weil ihr Fühlen, Denken, Handeln und Verhalten nicht mit den eigenen Wertmaßstäben oder mit der gängigen Moral vereinbar sind,

4. Partner, die scheinbar »schlecht« für einen sind, weil sie als Energieräuber in Erscheinung treten. (Man bedenke aber: Oft braucht man den pervertierten Ausgleich, den der Energieräuber schafft, zur Bewusstwerdung und Weiterentwicklung!)

5. Partner, die tatsächlich auch im Sinne des Lebens »böse« sind, weil sie sich in kriminelle Gefilde »vergaloppiert« haben (Körperverletzer, Diebe etc.).

Auch wenn von »Dummheit« oder »Intelligenz« die Rede ist, heißt es, mit Etikettierungen vorsichtig zu sein. Hierbei wird die subjektive Sichtweise oft besonders deutlich. Intelligenz ist die einzige Anlage, bei der fast alle Menschen das Gefühl haben, bei deren »Verteilung« nicht zu kurz gekommen zu sein. Deshalb wird man gewöhnlich nur dann für intelligent gehalten, wenn man über dieselben Informationen, dasselbe Wissen, dieselben Vorurteile und dieselben Glaubenshaltungen verfügt wie derjenige, der einen beurteilt. Intelligenz ist also sehr schwer fassbar – auch die sogenannten Intelligenztests spiegeln oft nur die Vorstellung von Intelligenz desjenigen wider, der diesen Test kreiert hat; insbesondere werden dabei häufig die emotionale Intelligenz, die kreative Intelligenz, die erotische Intelligenz oder die Beziehungsintelligenz nicht oder nicht ausreichend berücksichtigt.

Hingegen lässt sich Dummheit leichter feststellen, denn dafür gibt es u. a. folgende untrügliche Anzeichen:

– Autoritätsgläubigkeit
– Normgläubigkeit

- Nichtzulassen von Angst und Unsicherheit
- keine Zweifel am Vorgegebenen
- keine Fragen haben
- Weigerung, sich zu informieren

»Wenn ein wahrer Genius in der Welt erscheint,
kann man es daran erkennen,
dass sich alle Toren gegen ihn verschwören.«
(Jonathan Swift)

Wenn »Juwelen« nicht erkannt oder geschätzt werden

Sybille verfügt über seelische und geistige Reichtümer. Sie kann so viel Liebe und Zärtlichkeit auf eine Art schenken, die für viele Männer paradiesisch ist. Und sie hat sich im Laufe der Jahre durch das Lesen klassischer Literatur und vieler Sachbücher sowie durch eigenes Nachdenken einen großen geistigen Besitz geschaffen. Doch Matthias, ihrem ehemaligen Freund, waren Sybilles Zärtlichkeiten lästig, und ihr Wissen betrachtete er als geistigen »Schrott«, der für das tägliche Leben nutzlos sei. Viel lieber wäre es ihm gewesen, sie hätte sich für Autos und Fußball interessiert, weil er dann – aus seiner Sicht – endlich eine geistig adäquate Gesprächspartnerin gehabt hätte. Matthias wusste also das wertvolle Angebot von Sybille nicht zu schätzen, er konnte mangels eigener Entwicklung die »Juwelen« seiner Partnerin nicht erkennen. Ja mehr noch! Er sah die Juwelen als gewöhnliche Steine an, die nur eine Belastung für ihn darstellten.

Erst Sebastian, der Mann nach Matthias, konnte mit Sybilles Angebot etwas anfangen. Er genoss es, von ihr mit

Zärtlichkeiten verwöhnt zu werden, und war dankbar dafür, in ihr eine geistreiche Gesprächspartnerin gefunden zu haben.

Eine andere Problematik war in der Beziehung zwischen Mona und Simon vorherrschend. Obwohl Mona als Psychotherapeutin selbst sehr erfolgreich war, konnte sie die beruflichen Erfolge von Simon nicht ertragen, der als Managementtrainer die Führungskräfte verschiedener Großunternehmen instruierte. Wenn er am Wochenende nach Hause kam, durfte er bei Mona nichts von seinen Erfolgen erzählen und erst recht nicht seine hohen Honorare erwähnen, ohne einen Streit zu riskieren. Anstatt sich darüber zu freuen, wurmte es sie gewaltig, dass es bei Simon beruflich so gut lief. Sie trat mit ihm in eine ungute Konkurrenzsituation, wodurch die Stimmung am Wochenende oft getrübt wurde. Der Umstand, beruflich erfolgreich zu sein, würde von vielen anderen Frauen als wertvolles Angebot gesehen werden, Mona war er ein Dorn im Auge.

Mit 20 fragt die Frau:	*Mit 20 fragt der Mann:*
»Wie sieht der Mann aus?«	*»Wo ist die Frau?«*
Mit 30: »Was hat der	*Mit 30: »Wie sieht sie aus?«*
Mann?«	*Mit 50: »Was kostet die*
Mit 50: »Wo ist der Mann?«	*Frau?«*

Diskrepanz zwischen Anspruch und Wirklichkeit

Eigentlich ist nur jemand berechtigt, einen hohen Anspruch zu haben, der auch entsprechend etwas zu bieten hat.

Erstaunlicherweise ist aber häufig das Gegenteil zu beobachten: Je weniger jemand anzubieten hat, desto höher sind die Ansprüche, die er an seinen zukünftigen Partner stellt. Das Gesetz des Ausgleichs macht diese Tendenz verständlich. Wenn jemand viele Mängel und Unzulänglichkeiten im eigenen Persönlichkeitssystem aufweist und keine Möglichkeit sieht, diese selbst auszugleichen, erwartet er zwangsläufig von seinem zukünftigen Partner, dass dieser das stellvertretend für ihn bewerkstelligt. Wenn sein Partnersuchbild sich primär aus der Summe seiner Ausgleichsbilder zu seinen Defiziten zusammensetzt, befindet er sich in einer Falle.

Die potentiellen Partner, die auftauchen und die von ihrem Attraktivitäts- und Angebotslevel gut zu ihm passen würden, kommen für ihn nicht infrage, weil sie quasi durch das geistige Raster seines Idealbildes fallen.

Tobias (29) ist felsenfest davon überzeugt, dass er der Da-

menwelt eine Menge bieten kann. Das Angebot, das er in Wirklichkeit unterbreitet, ist aber nicht dazu angetan, das andere Geschlecht in einen Begeisterungstaumel zu versetzen. Er achtet nicht auf seine Figur, ist sehr nachlässig gekleidet, hat wenig Einkommen, und auch auf geistigem Gebiet kann er außer einigen Plattitüden nur wenig ins Feld führen. Die Ansprüche jedoch, die er an seine künftige Partnerin stellt, sind immens: Sie soll reich sein, aussehen wie ein Fotomodell, von vornehmer Gesinnung sein, exquisit kochen können und Format in jeglicher Hinsicht aufweisen.

Für Tobias wäre es zunächst wichtig zu erkennen, dass seine Ansprüche in keiner vernünftigen Relation zu seinem Angebot stehen. Dann gibt es für ihn zwei Möglichkeiten – entweder er schraubt seine Ansprüche zurück oder er lässt bestimmte Anlagen und Fähigkeiten nachreifen, um schließlich auf einer neuen Ebene ein attraktiveres Angebot unterbreiten zu können. Bildet er tatsächlich gefragte Anlagen aus und entwickelt sich weiter, wird sich auch sein Partnersuchbild verändern, d. h., es wird entsprechend seiner Persönlichkeitsentwicklung sukzessive realistischer. Vollzieht er solche Entwicklungsschritte nicht, bleibt er entweder allein oder er wird in seinen Beziehungen ständig frustriert sein, weil seine Partnerinnen seinen Ansprüchen nicht genügen, d. h. ihn nicht so ausgleichen können, wie er es »bräuchte«.

Trotz »tollem« Angebot keine Nachfrage?

Manche Menschen hadern mit ihrem Schicksal, weil einfach kein passender Partner in Erscheinung tritt. Sie verstehen die Welt nicht mehr, denn sie haben den Eindruck, dass sie mehr zu bieten hätten als viele andere, die in einer festen Beziehung leben. Woran kann das liegen?

Folgende Punkte kommen als Ursachen infrage:

1. Das Angebot erscheint einem nur subjektiv als toll. Hier ist es notwendig, aus der rein subjektiven Welt einmal auszuscheren und häufiger kompetentes Feedback einzuholen, um die eigene Meinung relativieren zu können.

2. Die Angebote sind auf dem Partnermarkt nicht gefragt – das andere Geschlecht braucht diese Anlagen nicht.

3. Die Angebote sind nur in der Schicht, in der man sich befindet, nichts wert. Etwa, wenn eine Frau in der Unterschicht Anlagen wie Kreativität, künstlerisches Talent, Informationsbereitschaft, Bildung und gute Manieren einbringt, kann ein Mann der Unterschicht kaum etwas damit anfangen. In einem solchen Fall ist es wichtig, die Kontaktebene bzw. das Umfeld zu wechseln.

4. Die Anlage, die man anbietet, ist nur in der Kombination mit einer anderen Anlage gefragt und wird nur dann als wertvoll erachtet.

5. Die Anlage kann nicht zum Tragen kommen, weil entweder eine elementare Anlage fehlt, wie etwa Einfühlungsvermögen, Kompromissbereitschaft etc., oder kann nicht wirksam eingesetzt werden, weil sie durch das pervertierte oder kranke Ausleben einer anderen Anlage belastet wird, z. B. durch militantes Kommunikationsverhalten.

6. Die Angebote werden nicht gut genug präsentiert. Das ist so, als wäre wertvolle Ware schlecht verpackt oder als würde sich diese unter der Ladentheke befinden, also in einem verborgenen, nicht sichtbaren Bereich.

7. Das Angebot ist zu paradiesisch und erscheint deshalb als unwirklich, als zu schön, um wahr zu sein. Potentielle Partner vermuten dabei einen Pferdefuß oder haben Angst, in eine Falle zu geraten; denn kaum jemand gesteht sich selbst ein paradiesisches Leben zu. Unbewusst glauben nämlich die meisten, dies wäre nur ganz besonderen Menschen wie Prinzen oder Prinzessinnen vorbehalten.

II. Vater – Liebhaber – Mutter – Geliebte

»Vater werden ist nicht schwer,
Vater sein dagegen sehr.«
(Wilhelm Busch)

Der Vater-Archetypus

Unbewusst sucht jede Frau nach einem Mann, der ihrem inneren Bild vom Mann (dem sog. Mannsbild) entspricht. Dieses Bild entsteht aufgrund ihres Vaterbildes (oder des Bildes, das sie sich von einer anderen männlichen Bezugsperson gemacht hat) oder aber aufgrund eines Gegenbildes vom Vater, wenn sie mit ihm nicht zufrieden war, sowie aufgrund der Komplementärbilder, die aus den Defiziten in ihrem Persönlichkeitssystem resultieren.

Hier wird deutlich: Wie auch immer der Vater gewesen sein mag – liebevoll oder herrschsüchtig, gutmütig oder aggressiv, schwach oder stark, beruflich erfolglos oder erfolgreich, meist abwesend oder ständig präsent –, er spielt immer eine entscheidende Rolle bei der Partnerwahl seiner Tochter.

So sucht sie dann später im Erwachsenenalter wieder nach ihrem »Papi« oder nach einem Mann, der so ist, wie sie ihren Vater gerne gehabt hätte (verbessertes Vaterbild).

Da in der Psyche einer jeden Frau auch das kleine Mädchen wohnt, das sie früher war, sucht sie zum einen nach einem »Vater« für sich, der ihr dann die entsprechenden liebevollen Kosenamen wie Baby, Mausi, Liebchen, Schnucki oder Herzi gibt, und zum anderen nach einem Mann als Vater für ihre zukünftigen Kinder.

Nach C. G. Jung ist sie auf der Suche nach ihrem Animus. Da der Animus ein Archetypus ist, also von Anfang an besteht, wird er auch von Beginn des Lebens an im gegengeschlechtlichen Elternteil gesehen, d. h. auf diesen projiziert.

Der Animus splittert sich auf in die Vatergestalt und den Amor (Geliebter).

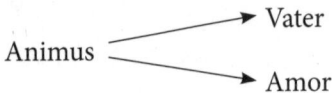

Animus → Vater
Animus → Amor

Nachfolgend sei kurz der Prototyp des **Vaters** dargestellt:

Ein Symbol für diesen ist die Sonnen- und Schöpferkraft. Er bietet einer Frau seelischen Halt (konstruktive Autorität) sowie seelische Sicherheit. Sie weiß, dass sie sich auf ihn verlassen kann. Er rackert und schuftet an seinem Arbeitsplatz und sorgt damit für den Lebensunterhalt seiner Familie. Er ist der ideale Familienvater, der immer für seine Kinder da ist, wenn sie ihn brauchen, mit ihnen spielt und ihnen bei den Hausaufgaben hilft. Ist es ihm finanziell irgendwie möglich, erwirbt er eine Eigentumswohnung oder baut ein Haus, um seiner Familie ein schönes Heim bieten zu können. Taucht irgendein Problem auf, löst er es entweder selbst oder – falls das nicht möglich ist – sorgt dafür, dass es von anderen gelöst wird.

Dem Männlichen immanent sind aber auch Kreativität, Schaffenskraft, Konstruktivität und Verwirklichungskraft.

Da ein Mann, der dem Vater-Archetypus entspricht, nicht ständig in fremden Betten »herumturnt«, hat er gewöhnlich auch Zeit, ein Unternehmen, eine Firma oder ein Geschäft zu gründen. Er will handeln, etwas aufbauen oder Projekte durchziehen. Als typischer »Macher« managt er sowohl die Belange seiner Familie wie auch die seiner Firma oder seines Geschäftes. Alle Familienmitglieder stehen unter seinem Schutz. Niemand darf ungestraft einen der Seinen beleidigen oder gar attackieren.

Zusammenfassend können folgende Fähigkeiten und Aufgaben dem Vater-Archetypus zugeordnet werden:

- Kreativität
- schöpferische Fähigkeiten
- Schaffenskraft
- Konstruktivität
- Geisteskraft
- Verwirklichungskraft
- Gewähren von Schutz für die Familie
- Bieten von seelischem Halt und seelischer Sicherheit
- seelische Wärme für Frau und Kinder
- Bereitschaft, mit den Kindern zu spielen oder etwas zu unternehmen
- unternehmerische Fähigkeiten
- Selbstständigkeit
- Handlungsfähigkeit
- Managementfähigkeiten
- Fähigkeit, Projekte durchzuziehen

Der Amor (der Liebhaber)

Neben dem väterlichen Part des Männlichen existiert noch ein anderer wichtiger Anteil: der Amor (lat.: Liebling, Geliebter).

Ohne diese Ausdrucksform des Animus wäre ein Mann nur ein halber Mann, ohne Amor-Anteil wäre er allenfalls zu einer Art »inzestuösen« Beziehung (auf einer neuen Symbolebene) zu seiner Frau fähig. Es würde der erotische Reiz, der Esprit, das Feuer der Leidenschaft fehlen. Hat ein Mann aber auch seinen Amor-Anteil ausgebildet, schlagen in seiner Gegenwart Frauenherzen höher. Es entsteht eine prickelnde Spannung zwischen dem männlichen und dem weiblichen Pol. Im antiken Griechenland sprach man in diesem Zusammenhang von der Anziehung zwischen Mars und Venus.

Der Amor ist – wie der Name schon ausdrückt – nicht so sehr auf Versorgung und Schutz der Familie ausgerichtet wie der Vater, sondern mehr an Liebe und Sexualität interessiert. Er ist der große Verführer, der Mann, der begehrt und fordert, der nicht lange fackelt. Er ist daran interessiert, Frauen »aufzureißen«, sie zu becircen, heiße Liebschaften zu beginnen und erotische Nächte zu erleben. Das Testosteron in seinem Blut treibt ihn vorwärts, gibt ihm den nötigen Drive, die Dynamik, den Drang, immer wieder neue Versuche zu starten – sowohl beim anderen Geschlecht als auch im Berufs- und Geschäftsleben. Wenn es ihm gelingt, seine Aggressivität in konstruktive Bahnen zu lenken, ist er der geborene Pionier, einer, der kalkulierte Risiken eingeht, sich durchsetzt und behauptet, ein Mann voller Vitalität und Kraft, der im Fitnessstudio seine Muskeln stählt und sportliche Höchstleistungen erzielen kann. Er liebt Wettkämpfe, bei denen er sich mit Rivalen messen, sie austricksen, in die Knie zwingen, ausknocken, schlagen, überlaufen oder an ihnen vorbeiziehen kann. In jeder Situation hat er den nötigen Biss, ergreift die Initiative, wird aktiv, schreitet zur Tat.

Fazit: Obwohl er vielen Frauen aufgrund seiner Tendenz zur Untreue (in Extremfällen tendiert er zum Don-Juanismus) und seiner männlich-aggressiven Art häufig als »Bösewicht« erscheint, übt er für sie eine starke Anziehung aus. Sie erliegen der Faszination des »Bösen«, denn ein normaler Mann ist ihnen häufig zu brav, zu wenig aufregend, zu langweilig.

Zusammenfassend werden dem Amor-Archetypus folgende Anlagen, Fähigkeiten und Aufgaben zugerechnet:
- Initiative
- Wagemut
- Pionierarbeit
- Risikobereitschaft
- Mut, sich Rivalen zu stellen
- Willenskraft
- Durchsetzung
- Selbstbehauptung
- Aktivität
- Fähigkeit, zur Tat zu schreiten
- Fähigkeit, seine Energien einzusetzen

- Eroberungsdrang
- Fähigkeit zu jagen (auch als Schürzenjäger)
- Fähigkeiten als Liebhaber
- triebhafte Energie
- sexuelle Fähigkeiten
- Fähigkeiten zu verführen
- sportliche Fähigkeiten
- Vitalität
- Schnelligkeit
- Fitness
- Siegermentalität
- Fähigkeit, auf einem Gebiet ein Held zu sein

Am günstigsten gestaltet sich das Bild, wenn ein Mann sowohl seine väterlichen Anlagen als auch seine Amor-Anteile ausgebildet hat. Dann ist er ein vollständiger Mann, der viel im Leben erreichen kann. Nur einen Teil der Männlichkeit zur Verfügung zu haben bedeutet, aus der Harmonie gefallen zu sein und dadurch ganz spezifischen Auswirkungen in der Partneranziehung und im Schicksal unterworfen zu sein. Betrachten wir einmal einige mögliche Konstellationen:

Der Mann hat viele väterliche Komponenten, aber wenige als Amor (fürsorglicher Ehemann, »Patriarch«)

Hier handelt es sich um den klassischen Familienvater, dessen oberstes Bestreben es ist, im Beruf und in der Familie seine Pflichten zu erfüllen. Mit diesen Aufgaben ist er

quasi rund um die Uhr beschäftigt, daher vergisst er häufig, dass es auch noch Sexualität, Erotik und Wollust gibt. Seine Sexualphantasien – sofern er überhaupt gewagt hat, solche zu entwickeln – unterdrückt er weitgehend. Bei anderen Männern, insbesondere bei den Amor-betonten, hat er einen schweren Stand. Deren Sprache ist ihm meist zuwider. Am liebsten zieht er sich in sein familiäres Heim zurück.

Aufgrund seiner Konstellation hat er die Tendenz, eine Frau anzuziehen, die viele mütterliche und wenige Anteile als Geliebte aufweist. Frauen, die mehr Geliebte als Mutter sind, können auf Dauer nicht mit ihm zusammenleben und dabei glücklich sein.

Der Mann hat viele Amor-Anteile, aber wenig Väterliches (Macho, Playboy, Don Juan)

Ein Mann mit dieser Konstellation ist nicht besonders bindungsfähig. Es fällt ihm zwar leicht, Frauen kennen zu lernen bzw. sie zu erobern, doch muss er bald wieder weiterziehen – entweder, weil diese ihn aufgrund seiner Unzuverlässigkeit, seiner steten Untreue oder seiner mangelnden Vermittlung von Sicherheit und Halt den Laufpass gegeben haben oder sie ihm nach kurzer Zeit langweilig geworden sind. Auch im Berufs- und Geschäftsleben zeichnet er sich nicht gerade durch Beharrlichkeit aus. Er ist der Mann, der Kunden und Interessenten »aufreißt«, aber betreuen muss sie schließlich ein anderer. Auch hat er eher die Tendenz, das schnelle Geld zu machen bzw. einen großen Coup zu landen, als sich – wie er sagt – in Details zu verlieren. Er lebt nach dem Motto »veni, vidi, vici« (ich kam, ich sah, ich siegte).

Aber: Da ihm das Väterliche fehlt, schießt der Amor häufig über das Ziel hinaus. Ein Mann dieses Typs versteht sich mit einer Venus-Frau sehr gut, doch wenn sie nur wenige mütterliche und er kaum väterliche Anteile aufweist, fehlt es beiden an Geborgenheit.

Frauen mit vorwiegend mütterlichen Anteilen werden mit ihm wahrscheinlich unglücklich.

Der Mann kann das Väterliche gut verkörpern und hat auch viel von Amor in sich (Traummann)

Hier haben wir es mit einem echten Voll-Mann oder Idealmann zu tun, der seine Qualitäten als Vater und als Liebhaber zu einer ausgewogenen Synthese gebracht hat. So können beide Anteile gesund, harmonisch und in der richtigen Dosis ausgelebt werden.

Er ist der Mann, der einer Frau alles geben kann, was sie braucht. Mit ihm kann sie den Alltag bzw. das Leben schlechthin bewältigen, wobei auch Liebe und Zärtlichkeit nicht zu kurz kommen.

Zumeist ist er aufgrund seiner Tatkraft, seiner Initiative, seiner Kreativität sowie seiner Managementfähigkeiten auch beruflich sehr erfolgreich, wodurch seine Chancen beim anderen Geschlecht zusätzlich erhöht werden. Er »verdient« eine Frau, die die Mutter und die Geliebte in sich vereint hat.

Es braucht wohl nicht besonders erwähnt zu werden, dass ein solcher Mann eine Rarität auf dem Partnermarkt darstellt.

Der Mann hat wenige Qualitäten als Vater und als Liebhaber (Softie, »Muttersöhnchen«)

Wenn ein Mann weder seine väterlichen noch seine Amor-Anlagen ausgebildet hat, ist er in einer bemitleidenswerten Lage. Er hat so gut wie keine Chancen beim anderen Geschlecht, es sei denn, eine resolute und dominante Frau »angelt« sich ihn, um ein Objekt zu haben, bei dem sie ihre angestauten Aggressionen loswird, das sie unterdrücken und »treten« kann.

Auch im Berufsleben hat er wenig zu melden. Man weist ihm meist nur subalterne Posten zu, übergeht ihn bei Beförderungen und Gehaltserhöhungen. Man drängt ihn – ähnlich wie im Tierreich – in die Rolle eines rangniederen Männchens. In der Regel hat er weder Ausdauer noch Biss. Manchmal versuchen deshalb andere, ihn anzutreiben und zu besonderen Leistungen anzustacheln – fast immer vergebens.

Ein typischer Vertreter dieses Typus ist das »Muttersöhnchen«. Ein solcher Mensch hat es versäumt, zum Manne zu reifen, d. h. seine maskulinen Anlagen auszubilden. Daher ist er in der Regel mit seinem Denken, Fühlen und Verhalten extrem auf seine Mutter fixiert bzw. ausgerichtet – meist sogar über ihren Tod hinaus. Wenn er nicht mehr bei ihr wohnt, ruft er sie gewöhnlich wie unter Zwang mehrmals

täglich an, lässt sie weitgehend an seinem Leben teilhaben und fragt sie ständig um Rat – selbst wenn es sich um triviale Dinge handelt.

Wenn sich eine Frau mit ihm liieren will, sollte sie sich darüber im Klaren sein, dass er sie immer wieder mit seiner Mutter vergleichen wird und sie im besten Fall bei ihm nur an zweiter Stelle rangieren kann. Nummer eins ist und bleibt seine Mama!

Fassen wir zusammen:

Da er weder Vater noch Amor ist, also weder Fisch noch Fleisch, kann er nur unter Frauen wählen, die weder Mutter noch Geliebte sind. Wenn er Glück hat, findet er eine seelische Sadistin, die er als seelischer Masochist ausgleichen »darf«.

Der Mann ist ein Pseudo-Vater und Pseudo-Amor (Schauspieler, Blender, Hochstapler)

Einen Mann dieses Typus findet man recht häufig in der freien Wirtschaft, wo er aufgrund seiner Fähigkeit, sich als »toller Hecht« darzustellen, sehr schnell in die höchsten Chefetagen aufsteigt. Nach und nach gibt man ihm immer mehr Entscheidungsbefugnisse, was der jeweiligen Firma oder dem Unternehmen zum Verhängnis werden kann. Wenn man nicht erkennt, dass er mehr scheint, als er ist, dass alles, was er anpackt, nicht auf dem Boden der Realität ist, und ihn nicht rechtzeitig »schasst«, jagt er das Unternehmen aufgrund seiner Unfähigkeit über kurz oder lang in die roten Zahlen, manchmal sogar in den Bankrott.

Auch die Damenwelt vermag er häufig zu blenden. Er schreitet im edlen Zwirn einher, fährt einen Wagen der oberen Klasse und bedient sich einer glänzenden Rhetorik, wenn er von seinen Erfolgen und Kontakten berichtet. So gibt er vielen Frauen das Gefühl, endlich einen Mann von Format kennen gelernt zu haben. In Wirklichkeit ist auf ihn kein Verlass, weil bei ihm fast alles nur Schall und Rauch ist. Auch auf sexuellem Gebiet bringt er meist nicht das, was sich Frauen aufgrund seines Auftretens erwarten. Dafür wird es mit ihm nie langweilig. Weil Aufstieg und Fall sich ständig wiederholen, hat eine Frau, die sich mit ihm liiert, ein Leben voller Spannung und Abenteuer. An einem Tag übernachtet sie mit ihm in einem Luxushotel, an einem anderen Tag wissen beide nicht, wie sie finanziell über die Runden kommen sollen.

Eine andere Form von Pseudo-Vater stellt der autoritäre Mann dar. Dieser ist in seiner Männlichkeit stark verunsichert und versucht daher, sein Manko zu kompensieren, indem er z. B. seine Frau und seine Kinder unterdrückt.

Fazit: Wer diese beiden Pseudo-Typen in sich vereint, blufft sich selbst und häufig auch sein ganzes Umfeld! Er redet fast nur großspurig daher, und wenn er wirklich einmal zur Tat schreitet, macht er aufgrund seiner Selbstüberschätzung nicht selten gravierende Fehler.

Der Pseudo-Vater, der außerdem ein Pseudo-Amor ist, passt am besten zu einer Pseudo-Mutter, die zugleich eine Pseudo-Venus ist. Denn: Schein und Schein gesellt sich gern.

Folgende Konstellationen sind noch möglich:
viele Vater-Qualitäten und Pseudo-Amor,
viele Amor-Qualitäten und Pseudo-Vater,
wenige Vater-Qualitäten und Pseudo-Amor,
wenige Amor-Qualitäten und Pseudo-Vater.

Dazu kann sich jeder selbst ein Bild machen, zumal die einzelnen Bestandteile des Männlichen ja nun bekannt sind.

»In der Natur ist keine Freude so erhaben rührend wie die Freude einer Mutter über das Glück eines Kindes.«
(Jean Paul)

Der Mutter-Archetypus

Unbewusst sucht jeder Mann nach einer Frau, die seinem inneren Bild von einer Frau (dem sog. Weibsbild) entspricht. Dieses Bild entsteht aufgrund seines Mutterbildes (oder des Bildes, das er sich von einer anderen weiblichen Bezugsperson gemacht hat) bzw. aufgrund eines Gegenbildes von der Mutter, wenn er mit ihr nicht zufrieden war, sowie aufgrund der Komplementärbilder, die aus den Defiziten in seinem Persönlichkeitssystem resultieren.

Erich Neumann schreibt in »Zur Psychologie des Weiblichen«:

»Der Mond, dessen Wachsen, Abnehmen und Wiederkehren für die Menschheit von jeher das eindrucksvollste aller himmlischen Phänomene war, ist als Herr der kosmisch-himmlischen ebenso wie der irdisch-weiblichen Symbolik, deren 28-Tage-Rhythmus seinem himmlischen Rhythmus analog ist, die sichtbarste untere irdische Entsprechung eines oberen himmlischen Geschehens. Als Symbol der selber wachsend und vergehend sich wandelnden himmlischen Gestalt ist der Mond archetypischer Herr des Wassers, der Feuchtigkeit und der Vegetation, d. h. alles Wachsend-Lebendigen. Er ist der Herr des psycho-biologischen Lebens und damit Herr des Weib-

lichen in seiner archetypischen Wesenheit, deren menschlicher Repräsentant die irdische Frau ist.

Mit der Herrschaft über die psycho-biologische Welt der Feuchte und des Wachstums unterstehen ihm alle Wasser der Tiefe, alle Ströme, Seen, Quellen und Säfte.«

Diese Welt ist die ursprüngliche Welt des »Nahrungsuroboros« der Frühzeit, in der Leben als Nahrung und Fruchtbarkeit das zentrale Anliegen der Menschheit war. Die Fruchtbarkeit der Jagdtiere, der Herden, der Felder und der menschlichen Gruppe steht damit im Mittelpunkt dieser Welt, die damit weitgehend Welt des Weiblichen, des Nährenden und Gebärenden, d. h. aber Welt der großen Mutter ist, über die der Mond herrscht.

Der Mond ist ein Symbol für das *Unbewusste, Seelische, Mütterliche.* Dort im Schoß der Mutter ist der Ursprung unseres Seins. Im Grunde seines Herzens ist jeder Mann der kleine Junge geblieben, der er früher war, daher sucht er nach einer Frau, die ihn so – wie früher seine Mutter – annimmt, streichelt, zärtlich umarmt und liebt. Es ist auch möglich, dass er nach einer Frau Ausschau hält, die so ist, wie er seine Mutter gerne gehabt hätte (verbessertes Mutterbild).

Er sucht nach seiner Anima, seinem gegengeschlechtlichen Seelenbild. Die Anima splittert sich auf in den mütterlichen Anteil und den Anteil der Geliebten (Venus, Aphrodite).

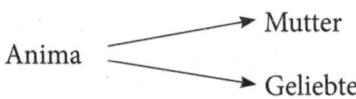

Anima → Mutter
      → Geliebte

Die Mutter

Die Beziehung zwischen einer Mutter und ihrem Baby ist etwas Einzigartiges. In keiner bekannten Gesellschaft wird die Mutter als erste und wichtigste Bezugsperson, als Hauptspenderin von Schutz, Obhut und Fürsorge infrage gestellt. Sozialwissenschaftler haben Versuche durchgeführt, in denen Väter – im Rahmen von gemeinsam mit den Müttern durchgeführten Kursen über natürliche Geburt – ermuntert wurden, sich aktiv am Vorgang der Geburt und an der Pflege des Säuglings zu beteiligen. Die Babys bekamen Mutter und Vater abwechselnd als Bezugsperson. Es zeigte sich, dass schon nach wenigen Wochen trotz aller Bemühungen der Väter, an der Umsorgung des Babys teilzuhaben, die Mütter messbar engeren Kontakt mit ihren Kindern hatten. Ja, die Kinder waren aufgrund des ständigen Wechsels sogar verwirrt und gaben zu erkennen, dass ihnen ihre Mütter als primäre Bezugspersonen lieber wären.

Mutter steht für seelische Wärme, Angenommen- und Akzeptiertwerden, für Geborgenheit und seelische Liebe. Die Wärme und Geborgenheit des schützenden Mutterschoßes versucht der Mensch – in die raue Welt geworfen – ersatzweise wiederzuerlangen, durch seine Wohnung, sein Heim, sein Haus. Das Haus ist quasi eine Imitation der Gebärmutter, eine konstruierte Geborgenheit in der äußeren Welt.

Es kommt daher auch nicht von ungefähr, dass Frauen meist mehr Talent als Männer haben, eine Wohnung schön und ästhetisch einzurichten, sie in einen Hort der Geborgenheit zu verwandeln. Sie haben den Drang, etwas aus der

»Höhle« zu machen, die der Mann anbietet, sie zu schmücken und zu dekorieren, sie so zu gestalten, dass sich die ganze Familie darin wohl fühlt.

Eine Mutter sorgt jedoch nicht nur für Nahrung, Kleidung und Wohnung, sondern bringt dem Kind auch die Natur nahe, lehrt es, auf seine innere Stimme, auf die Stimme seiner Natur zu hören. Die Stimme der eigenen Natur und die der menschlichen Natur schlechthin unterscheiden sich grundlegend von der Stimme des erlernten Gewissens, der Stimme des Überichs. Die Stimme der eigenen Natur sagt uns, was gut und was schlecht für uns ist, was der eigenen Identität entspricht und was nicht.

Zusammenfassend können folgende Anlagen und Fähigkeiten dem Mutter-Archetypus zugeordnet werden:
- seelische Wärme und Liebe
- Einfühlungsvermögen
- Geborgenheit schenken
- Zärtlichkeit schenken
- Fähigkeit, zu schmusen und zu küssen
- Zuwendung gewähren und empfangen
- Hingabefähigkeit
- Fähigkeit, Intimität zu schaffen
- Fähigkeit zu nähren
- Hege und Pflege der Kinder
- Kuscheln mit den Kindern und dem Mann
- Fähigkeit, aus der Wohnung einen Hort der Geborgenheit zu machen
- Heimat schenken
- Fruchtbarkeit
- Gebärfähigkeit

- Familiensinn
- natürliches Empfinden
- Zugang zu »Mutter« Natur, zur eigenen Natur und zur Stimme der eigenen Natur

> *»Der Mann wird zum ersten Male von der Mutter,*
> *zum zweiten Male von der Geliebten geboren.«*
> *(Ludwig Goldscheider)*

Die Geliebte (Venus, Aphrodite)

Für jede Frau heißt es, sich nicht nur ihres mütterlichen Parts des Weiblichen bewusst zu werden, sondern auch ihres Venus/Aphrodite-Anteils. (Aphrodite galt im antiken Griechenland als Göttin der Schönheit und der Liebe.) Ohne diesen Anteil fehlt einer Frau ein wichtiger Aspekt ihrer Weiblichkeit. Wenn eine Frau ihre Venus entwickelt hat, dann achtet sie auf ihren Körper, auf ihre Figur und ihr Aussehen, dann pflegt sie sich und ist darum bemüht, das Beste aus ihrem Typ zu machen.

Eine Frau mit einem starken Aphrodite-Anteil versucht, die Männer zu becircen – durch Kleidung mit einem leichten Hauch von Erotik, durch Reizwäsche und Düfte. Sie versteht es, die Männer über die Sinne zu reizen – optisch, akustisch und olfaktorisch. Sie ist eine Meisterin der Verführungskunst und Verführungstaktik. Und sie hat eine Trumpfkarte in der Hand, die fast immer sticht: ihre erotischen Fähigkeiten. Es macht ihr Freude, ihren Körper zu zeigen und zu erleben, und sie freut sich über die Reaktionen ihres Partners. Sie beherrscht die Kunst, eine erotische Atmosphäre zu schaffen, eine Atmosphäre, in der sie selbst und ihr Partner sich wohl fühlen. Sie weiß um die erotisierende Wirkung eines schön gedeckten Tisches, anregender Speisen, eines blühenden

Gartens, einer schönen Wohnungseinrichtung. Sie sorgt für gedämpftes Licht und zärtliche Musik. Die Venus in einer Frau kann einem Mann das Paradies auf Erden schenken.

Zusammenfassend können folgende Anlagen, Fähigkeiten und Aufgaben der Geliebten bzw. der Venus/Aphrodite zugeordnet werden:

- Sinn für Schönheit und Ästhetik
- Sinn für Proportionen
- die Kunst, Inhalt und Form in Einklang zu bringen
- Koordinationsfähigkeit
- Fähigkeit, Harmonie zu schaffen
- Friedfertigkeit
- Designerfähigkeiten
- Fähigkeit zu dekorieren
- Schaffen eines angenehmen Ambientes
- Beherrschen der Etikette
- Ausbildung eines eigenen Stils
- Liebenswürdigkeit und gute Manieren
- Freundlichkeit
- eigener Geschmack
- Körper- und Schönheitspflege (Kosmetik)
- Schminkkunst
- erotische Gerüche (Umgang mit Düften)
- Tragen von schöner, ästhetisch anmutender Kleidung
- Kontaktfähigkeit
- erotische Fähigkeiten
- Fähigkeit, das Beste aus dem eigenen Typ zu machen
- Vornehmheit
- Charme
- Eleganz

- Fähigkeit, es sich gut gehen zu lassen (Wohlleben)
- Fähigkeit, Tage schön und genussvoll zu gestalten
- Fähigkeit, sich selbst und andere glücklich zu machen

Während ein Knabe, wenn er zum Manne reift, sich seiner väterlichen Anlage und seines Amor-Anteils bewusst werden muss, muss ein Mädchen, das zur Frau reift, über ihre weiblichen Ausdrucksformen, nämlich Mutter und Geliebte, Bescheid wissen.

Wenn es ihr gelingt, beide Anteile in sich zu vereinen, hat sie als Frau die günstigste Ausgangsbasis für eine befriedigende, harmonische Partnerschaft.

Lebt sie nur einen Teil ihrer Weiblichkeit aus und verdrängt den anderen, hat sie nach dem Gesetz der Wiederkehr des Verdrängten mit spezifischen Auswirkungen in der Partneranziehung und im Schicksal zu rechnen.

Betrachten wir einmal, welche Konstellationen es hierbei geben kann.

Die Frau hat viele mütterliche Komponenten, aber wenige Anlagen als Geliebte ausgebildet (fürsorgliche Ehefrau, »Madonna«)

Das Angenehme bei diesem Frauentypus ist, dass der Mann bei ihr ein richtiges Zuhause vorfindet – es ist ein Essen auf dem Tisch, die Kinder werden liebevoll versorgt, und die Wohnung ist sauber und ordentlich. Sie hat keine großen Ansprüche, will nicht dauernd ausgeführt werden und ist kaum in Modeboutiquen anzutreffen.

Am Wochenende ist sie zufrieden, wenn der Mann mit der Familie einen Ausflug ins Grüne macht oder mit den Kindern zum Sportplatz geht.

Die Sexualität mit ihr findet eher im Dunkeln bzw. unter der Bettdecke statt. Meist ist sie froh, wenn »es« vorbei ist. Bei ihrer Kleidung legt sie Wert darauf, dass diese bequem und sauber ist bzw. vor Kälte schützt.

Da sie den Venus-Pol ihrer Weiblichkeit verdrängt hat, kann sie sich gar nicht vorstellen, dass ihrem Mann irgendetwas fehlen könnte. Sie würde aber aus allen Wolken fallen, wenn sie ihren Mann beim Ansehen von Pornoheften überraschen oder wenn dieser ihr einen Seitensprung beichten würde (Wiederkehr des Verdrängten in pervertierter Form).

In diesem Zusammenhang sei auch auf den Madonna-Hure-Konflikt eingegangen, der in der Psyche aller Männer und Frauen der abendländischen Kultur eine wichtige Rolle spielt.

Die alte Sexualmoral teilt das weibliche Prinzip in zwei Pole: in Madonna und Hure. Dabei wird das Mütterliche und Seelische als gut, Verführung, Sexualität und Wollust dagegen als schlecht und minderwertig oder zumindest doch als nicht erstrebenswert eingestuft.

Die wahre Natur kennt weder Madonna noch Hure, beide Phänomene sind nur zwei extreme Reaktionen auf ein strenges Überich und stehen zueinander spiegelbildlich. Madonna und Hure sind die zwei Seiten einer Medaille, die mit realer, ganzheitlicher Weiblichkeit nichts zu tun haben. Die Madonna verleugnet ihre ganzheitliche Weiblichkeit zugunsten von Norm und Moral und ist stolz darauf, brav, anständig – eben keine Hure – zu sein. Die Hure dagegen verkörpert den Gegenpol zur Madonna, in ihr kommt die verdrängte Erotik der Madonna zum Ausdruck. Beide Grundtypen bedingen einander: Die Hure existiert aufgrund der Tatsache, dass so viele Männer vor der Madonna flüchten bzw. so viele Madonnen in der Sexualität nur ein notwendiges Übel sehen oder sich Männern gänzlich verweigern.

Dabei könnte sich die Madonna nicht als edel und gut empfinden, wenn es keine Huren gäbe. Anders ausgedrückt: Die Madonna stört durch ihre Einseitigkeit das Gleichgewicht, sodass zwangsläufig eine Gegentendenz (Hure) einsetzt, um dieses wiederherzustellen, bzw. der Mangel an erotischen Reizen ruft beim Manne vor seinem geistigen Auge z. B. das Bild der bereitwilligen, verruchten Hure hervor.

Da die Hure jedoch ihrerseits keine natürlich gewachsene Erotik zum Ausdruck bringt, sondern den verdrängten Teil der Madonna, ist ihre Art der »Liebe« ebenso verfälscht und pervertiert. Die Madonna kann nicht erkennen, dass die Hure als Gegenpol zu ihr nur sie selbst ausgleicht und ihr damit zu verstehen gibt, dass sie noch nicht die reale Mitte gefunden hat.

In südlichen Ländern kommt die Madonna–und–Huren–Problematik oft geradezu klassisch zum Tragen. Der Macho hat zu Hause seine Madonna, die sich um die Kinder kümmert, er geht währenddessen an den Strand und schaut, ob neue Urlauberinnen angekommen sind, bei denen er seine Lover-Qualitäten einsetzen kann.

Fazit: Eine Frau mit dieser Konstellation passt am besten zu einem Mann, der mehr Vater als Liebhaber ist. Mit einem solchen Mann hat sie die größten Chancen, glücklich zu werden.

»Viele Frauen sind nur auf ihren guten Ruf bedacht.
Aber die anderen werden glücklich.«
(Josephine Baker)

Die Frau hat viele Aspekte als Geliebte und wenig Mütterliches aufzuweisen (Playgirl, »Luder«, »Hure«)

Eine Frau dieses Typus lässt so manches Männerherz höherschlagen. Es handelt sich um eine Frau, die das Beste aus ihrem Typ machen kann, die ihre weiblichen Reize mit schöner Kleidung und raffinierten Accessoires effektvoll zur Geltung bringt. Durch ihre Schönheit sowie ihre Verführungskunst fällt es ihr leicht, Männer um den Finger zu wickeln.

Eine Frau mit dieser Konstellation möchte am liebsten, dass ihr Partner permanent in der Werbephase bleibt, d. h., dass er sie verwöhnt, ohne dass sie dafür Gegenleistungen erbringen muss. Wenn er in seinem Werben nachlässt, trennt sie sich häufig von ihm und geht mit dem nächsten Mann so lange aus, bis auch dieser allmählich keine Lust mehr hat, die Werberituale ad infinitum fortzusetzen, und zur nächsten Phase übergehen will. Dieses Spiel hört oft erst dann auf, wenn altersbedingt ihre Attraktivität nachlässt und sie keine Männer mehr zu einem Werbeverhalten animieren kann.

Schönheit und Erotik sind göttliche Talente, aber – wenn nicht andere Anlagen und Fähigkeiten hinzukommen – auf Dauer nicht Glück bringend. Insbesondere, wenn Einfühlungsvermögen und seelische Wärme fehlen, kann ein Mann keine Geborgenheit empfinden. Die Beziehung bleibt auf einer oberflächlichen Ebene, es kommt keine echte Intimität und Vertrautheit zustande.

Eine Frau dieses Typus versteht sich gut mit einem Mann, der viele Amor-Anteile, aber wenig Väterliches aufweist. Wenn man aber bedenkt, dass beide unbewusst nach dem »Vater« bzw. nach der »Mutter« suchen, wird klar, dass in solchen Beziehungen unterschwellig immer eine gewisse Unzufriedenheit und Unruhe vorhanden sind.

Die Frau hat viel Mütterliches und viele Qualitäten als Geliebte (Traumfrau)

Das ist die Traumfrau schlechthin, das Vollblutweib, nach der sich die meisten Männer sehnen. Sie hat beide weiblichen Pole in sich vereint. Ihr ist die Synthese gelungen zwischen einer seelische Wärme, Liebe und Geborgenheit vermittelnden Mutter und einer attraktiven, reizvollen, erotisch raffinierten Geliebten. Durch die Ausgewogenheit können beide Teile des Weiblichen gesund, harmonisch und in der richtigen Dosis ausgelebt werden.

Sie ist weder Madonna noch Hure, sondern eine Frau, die die Macht der Weiblichkeit konstruktiv einsetzt: die Macht der Geborgenheit, die Macht der Zärtlichkeit, die Macht der seelischen Liebe, die Macht der Schönheit, die Macht der Sexualität, die Macht der Erotik …

Einer Frau mit so viel Macht liegt es fern, den Mann als Feind zu betrachten. Sie ist sich ihrer Stärken und ihrer

Macht bewusst und sie akzeptiert die Stärken und die Macht des Mannes. So entsteht ein Machtgleichgewicht, wodurch Machtmissbrauch wirkungsvoll vorgebeugt wird.

Eine Frau mit dieser Konstellation spielt bei keinem Mann nur die Rolle der Geliebten oder die Rolle des Hausmütterchens. Sie »verdient« einen Mann, dem die Synthese zwischen Vater und Amor gelungen ist.

Die Frau verfügt über wenig Mütterliches und wenige Anlagen als Geliebte (»ewige« Tochter, »Prinzesschen«)

Frauen mit dieser Konstellation haben es nicht leicht. Sie stehen weder als »Mutter« unter dem Schutz eines Mannes noch können sie einen Mann durch Einsatz von Venus-Qualitäten für sich gewinnen. Sie können nur unter Männern wählen, die wenige Vater- und wenige Amor-Anteile zur Verfügung haben. Aus diesem Grunde wäre es wichtig für sie, die entsprechenden Anlagen und Fähigkeiten, die sie – aus welchen Gründen auch immer – in der Vergangenheit nicht ausbilden bzw. erwerben konnten, nachreifen zu lassen. Erst dann könnten sie aus dem negativen »Schicksalskarussell« aussteigen und ein angenehmeres Leben führen.

Eine besonders interessante Variante dieses Typus ist das »Prinzesschen«. Dieses weigert sich unbewusst, eine Frau zu werden. Sogar in fortgeschrittenem Alter versucht sie so zu leben, als ob sie immer noch das kleine, süße Töchterchen wäre, das sich alles erlauben kann – insbesondere bei ihrem

Papi, der sich jederzeit von ihr um den Finger wickeln ließ. Das Prinzesschen will bewundert und verwöhnt werden, ohne selbst irgendetwas dafür einbringen oder leisten zu müssen. Häufig bevorzugt es ältere, gut situierte Männer als Partner, weil sie insgeheim hofft, so die Situation ihrer Kindheit wiederherstellen bzw. wiedererleben zu können. Sie lässt sich nur mit jemandem ein, der bereit ist, sie zum Mittelpunkt seines Lebens zu machen, und den Sinn seines Lebens gleichsam darin sieht, sie zu vergöttern, ihr jeden Wunsch von den Augen abzulesen sowie ihre Launen gleichmütig zu ertragen – wie es damals bei ihrem Vater war.

Einen Partner um seiner selbst willen zu lieben ist ihr nicht möglich, im Grunde genommen ist sie nur in sich selbst verliebt.

Die Frau verkörpert eine Pseudo-Mutter und Pseudo-Geliebte (Schauspielerin, Blenderin)

Bei einer Frau dieses Typus besteht eine Diskrepanz zwischen Anspruch und Wirklichkeit. Sie glaubt, eine aufopferungsvolle, gütige Ehefrau und Mutter zu sein, aber in der Realität zeigt sie wenig Interesse oder Verständnis für ihren Mann und ihre Kinder. Und wenn sie tatsächlich einmal etwas für diese tut, bauscht sie dies auf und vermittelt auf diese Weise gegenüber ihrer Umwelt den Eindruck, eine perfekte Ehefrau und Mutter zu sein. Da sie zu wenig für ihre Kinder sorgt, fehlt diesen emotionale Sicherheit. Sie ist ihnen keine verlässliche Bezugsperson, weil sie sich heute so und morgen wieder ganz anders verhält.

Besonders ungünstig gestaltet sich das Bild, wenn zu alldem auch noch ein verfälschter Venus-Anteil hinzukommt. Eine solche Frau wird, wenn sie abgeschminkt ist, von ihrem Partner kaum erkannt. Z. B. durch starke Schminke und dick aufgetragene Kosmetik, künstliche Haarteile, falsche Wimpern und Fingernägel sowie Silikonbusen macht sie dem Mann etwas vor. Zusätzlich gelingt es ihr, durch Beachtung der Etikette und gute Manieren den Eindruck von Niveau und Stil zu vermitteln. Manche Männer lassen sich davon blenden und glauben, endlich ihre Traumfrau gefunden zu haben. Wenn sie aber erleben müssen, dass sich die »Frau von Niveau« ausgerechnet in entscheidenden Lebenssituationen, die das Seelisch-Geistige bzw. das Menschliche betreffen, niveaulos verhält, fallen sie aus allen Wolken.

Es gibt aber auch Frauen, die eine solche Konstellation ganz anders ausleben. Sie verstehen es, ihre weiblichen Reize hervorragend zur Geltung zu bringen, können aber dann im Bett nicht halten, was sie vorher durch ihre raffinierte Verhaltensweise versprochen haben.

In manchen Fällen wird die Pseudo-Venus jedoch auch ausgelebt, indem eine Frau als Prostituierte tätig wird. Sie gibt zum Schein Liebe, um dafür finanziell entlohnt zu werden.

Die Frau mit der Konstellation Pseudo-Mutter und Pseudo-Geliebte passt zu einem Mann, der gleichermaßen Pseudo-Vater und Pseudo-Amor ist. Wenn zwei Menschen zusammenkommen, denen der Schein mehr bedeutet als das Sein, entsteht so viel Verwirrung, dass es für jeden der beiden immer schwieriger wird, die Wirklichkeit zu erkennen.

Hier die anderen Konstellationen, die noch möglich sind:
viele Mutter-Qualitäten und Pseudo-Geliebte,
viele Qualitäten als Geliebte und Pseudo-Mutter,
wenige Mutter-Qualitäten und Pseudo-Geliebte,
wenige Qualitäten als Geliebte und Pseudo-Mutter.

Eine detaillierte Darstellung erübrigt sich, da sich jeder selbst ausmalen kann, wie sich die genannten Anteile auswirken.

Fassen wir die jeweiligen Entsprechungen in folgender Übersicht zusammen:

Frau mit vielen Mutter- und wenigen Venus- Anteilen	→ ←	Mann mit vielen Vater- und wenigen Amor- Anteilen
Frau mit wenigen Mutter- und vielen Venus- Anteilen	→ ←	Mann mit wenigen Vater- und vielen Amor- Anteilen
Frau mit vielen Mutter- und vielen Venus- Anteilen	→ ←	Mann mit vielen Vater- und vielen Amor- Anteilen
Frau mit wenigen Mutter- und wenigen Venus- Anteilen	→ ←	Mann mit wenigen Vater- und wenigen Amor- Anteilen

Frau mit vielen Pseudo-Mutter und vielen Pseudo-Venus-Anteilen	→ ←	Mann mit vielen Pseudo-Vater- und vielen Pseudo-Amor-Anteilen

Man verdient also einen bestimmten Partner entsprechend dem, was man in die Beziehung einbringt, was man für ein Angebot unterbreitet.

Manchmal besteht auf den ersten Blick ein großer Unterschied zwischen einem Partner, der zu einem passt, und dem Partner, den man bekommt. Dabei ist aber zu berücksichtigen, dass jeder Mangel an Entwicklung einer Anlage die diesbezügliche Wahrnehmung trübt. Hat eine Frau etwa wenig Mütterliches entwickelt, wird sie eher der Darstellung eines Pseudo-Vaters Glauben schenken als eine Frau, die diese Qualitäten ausgebildet hat.

Oder: Ein Mann mit wenigen Amor-Anlagen wird eher eine längere Zeit eine Frau mit einer Pseudo-Venus bewundern als ein Mann, der diese Anlagen in sich entwickelt hat und gut einzusetzen vermag.

Insofern wird klar, dass eine Pseudo-Anlage ebenso einen Mangel an einer Anlage symbolisiert, nur mit dem Unterschied, dass man damit vortäuschen kann, dass man die betreffende Anlage voll zur Verfügung hätte, d. h., man kann so tun, als wäre man der perfekte Vater, die perfekte Mutter, der tolle Liebhaber oder die tolle Geliebte.

Wir können also konstatieren:

Man zieht, wenn man bei einem Prinzip einen Mangel aufweist, entweder einen Partner an, der im anderen Pol

ebenso mangelhaft ist, oder einen Partner, der seinen Mangel als Stärke[*] verkaufen kann.

Geht man mit einem solchen »Schauspieler« eine Verbindung ein, braucht es oft Jahre, manchmal sogar Jahrzehnte, bis es einem wie Schuppen von den Augen fällt und man die Realität erkennt. Man fragt sich dann: »Wie konnte ich nur auf den bzw. die hereinfallen?«

Hier wird evident, dass man **immer** den Partner bekommt, der zu einem passt – auch, wenn man es manchmal nicht wahrhaben will. Das Schicksal ist in dieser Beziehung genau und konsequent. Es zeigt einem unmissverständlich auf, wie hoch der eigene Level ist, welcher Partner einem wirklich entspricht. Das Wort »Entsprechung« macht besonders deutlich, wie der Anziehungsmechanismus funktioniert. All das, was man im männlichen Pol einbringt, hat eine Entsprechung im weiblichen Pol und umgekehrt. Dies ist für die meisten, die auf einem Gebiet viele Defizite aufweisen, besonders schmerzlich, weil in diesem Fall fast immer der Wunsch besteht, den eigenen Mangel durch die Fülle im Gegenpol auszugleichen. Mit anderen Worten:

Wer wenige Amor-Qualitäten hat, möchte meist eine Frau, die besonders viele Venus-Qualitäten aufweist, also eine überaus attraktive und erotische Frau. Wer wenige Vater-Anlagen hat, wünscht sich dagegen eine Frau, deren

---

[*] Aber es gilt auch: Wer um seine Stärken nicht weiß, sie im Verborgenen behält oder nicht effizient genug präsentieren kann, wird auf dem Partnermarkt so »behandelt«, als ob er die Anlagen und Qualitäten nicht oder nur mangelhaft zur Verfügung hätte.

Anlagen als Mutter besonders stark ausgebildet sind, d. h. eine liebevolle, zärtliche, warmherzige Frau. Wer über wenig Venus-Anlagen verfügt, sehnt sich nach einem überaus maskulinen Mann – groß, breitschultrig, markantes Gesicht –, der dynamisch, womöglich mit einer schwarzen Lederjacke bekleidet, einherschreitet.

Wer wenig Mütterliches einbringen kann, möchte sich gerne an einen »Vater« ankuscheln, der Halt und Geborgenheit schenkt und auf den Verlass ist.

Man hätte zwar gerne aus einer tief empfundenen inneren Bedürftigkeit heraus einen Partner, der einen ausgleicht*, bekommt einen solchen aber mangels Entsprechung nicht. Wenn man dennoch glaubt, ihn bekommen zu haben, ist man meist einer Täuschung erlegen, denn man hat es dann – wie oben dargestellt – mit einem Mann oder einer Frau zu tun, der bzw. die den Pseudo-Typ verkörpert und einem nur falsche Tatsachen vorspiegelt.

In all diesen Fällen empfindet man sein Schicksal nur deshalb als negativ, weil man **mehr** erwartet hat.

Wer seine eigenen Mängel erkennt und sich deshalb mit einem Partner, der mit etwa gleich großen Mängeln behaftet ist, zufriedengibt, kann vom Schicksal nicht unangenehm getroffen werden.

---

* Man wird nach dem Gesetz der Wiederkehr des Verdrängten oft dort ausgeglichen, wo man glaubt, **nicht** bedürftig zu sein – etwa der Wahrheitsliebende durch den Lügner, der Ordnungsfanatiker durch den Schlamper …

Fragen, die man sich in diesem Zusammenhang stellen könnte:

1. Bin ich mir dessen bewusst, dass jede der beschriebenen Konstellationen eine spezifische Anziehung bzw. Abstoßung von Partnern bewirkt?

2. Welche Konstellation glaube ich zu verkörpern?

3. Welche Partner ziehe ich dadurch an? Welche stoße ich ab?

4. Welche anderen Schicksalsauswirkungen sind damit verbunden?

5. Welche Konstellationen verkörperten meine Expartner?

6. Erkenne ich einen roten Faden bei der Anziehung meiner früheren Partner?

7. Ist an irgendeinem Punkt meiner »Partnerkarriere« eine Veränderung in der Anziehung eingetreten?

8. Bin ich mit meiner derzeitigen Partneranziehung zufrieden? Wenn nein: Was kann ich selbst tun, um meine Konstellation und damit auch meine Anziehung zu verbessern?

9. Wenn ich meine Bekannten und Verwandten nach diesen Kriterien beobachte, kann ich dann erkennen,

a) welchen Typus sie verkörpern und
b) welche Partner sie dadurch zwangsläufig angezogen haben?

Wie man partnerschaftliches Schicksal vorhersagen kann

Gehen wir noch einen Schritt weiter und werfen die Fragen auf: Woher kommt es, dass ein Mann z. B. wenig Väterliches, aber viele Amor-Anteile oder eine Frau viel Mütterliches, aber wenige Anlagen als Geliebte aufweist? Und: Warum sind manche Männer oder Frauen auf einen bestimmten Partnertypus so stark fixiert, dass sie mit einem anderen nichts oder nur wenig anfangen können?

Für die Beantwortung dieser Fragen müssen wir etwas weiter ausholen.

Jeder hat eine gewisse Vorstellung, wie sein Partner aussehen und welche Eigenschaften dieser aufweisen soll. Das trifft auch auf diejenigen zu, die von sich behaupten, keine bestimmte Vorstellung von ihrem zukünftigen Partner zu haben, sonst könnten sie ja jeden als Partner annehmen. Da sie dies offensichtlich nicht tun, sondern ihre Partner – wie alle anderen auch – nach bestimmten Kriterien auswählen, ist klar, dass auch sie im Unbewussten ein spezifisches Partnerbild beherbergen, das auf ihren Vater bzw. ihre Mutter zurückzuführen ist. Dieses Bild kann mit dem realen Vater bzw. der realen Mutter übereinstimmen, aber auch nur die subjektive Sichtweise oder subjektive Interpretation des Betreffenden widerspiegeln. Oder – was noch viel häufiger ist – es hat sich ein Gegenbild herauskristallisiert, quasi ein verbessertes Vater- oder Mutterbild. Dies ist insbesondere dann der Fall, wenn jemand mit der Art und Weise, wie der eigene Vater oder die eigene Mutter waren, nicht einverstanden war und deshalb im Geiste den betreffenden Elternteil mit anderen, oft entgegengesetzten Attributen ausgestattet hat. Etwa, wenn eine Frau, die unter ihrem autoritären Vater gelitten hat, sich unter einem idealen Partner einen sanften und »braven« Mann vorstellt oder ein Mann, der sich wegen der rustikalen Art und der ordinären Ausdrucksweise seiner Mutter geschämt hat, eine gebildete und differenziert sprechende Frau als Partnersuchbild entwickelt.

Entweder man findet also die Welt der Eltern in Ordnung oder man hat den Drang, seinen Vater bzw. seine Mutter zu verbessern. Häufig geschieht dies über den Gegenpol bzw. über ein Antiskript. Dabei ist es nicht nur so, dass der Einzelne selbst ein solches Antiskript entwickelt und lebt, sondern oft auch von seinem Partner erwartet, dass er dies tut.

Was ist unter einem Skript bzw. unter einem Antiskript in diesem Zusammenhang zu verstehen?

Ein **Skript** ist ein Lebensplan, der sich in frühester Kindheit unter dem Einfluss von Vater und Mutter herausbildet und im Laufe des Lebens immer wieder bestätigt, gestützt und verstärkt wird, und zwar durch Empfindungen, Gefühle, Glaubenshaltungen, Ideologien, Weltanschauungen, Normen, Statistiken und Informationen.

Ein **Antiskript** entsteht als Reaktion auf das Verhalten von Vater und Mutter und ist meist der Gegenpol zu deren Skripts bzw. zu dem, was diese von einem erwartet hatten.

Das Antiskript ist quasi die Beschreibung des Gegenbildes zu Vater oder Mutter oder zu den Vorstellungen, wer und was man für sie sein sollte, also ein Drehbuch, das in Bezug auf die Skripts der Eltern entgegengesetzte Inhalte aufweist.

War z. B. die Mutter unsauber und schlampig, so kann die Tochter den Gegenpol zum Ausdruck bringen, d. h. extrem penibel, sauber und ordentlich werden.

Oder: Hatte sich der Vater zu wenig um seinen Sohn gekümmert, kann es sein, dass der Sohn später als Erwachsener ein entsprechendes Antiskript aktualisiert, indem er ein übertriebenes pädagogisches Engagement bei der Erziehung seiner Kinder an den Tag legt.

In den folgenden Ausführungen wird aufgezeigt, dass das Schicksal jedes Menschen nicht dem Zufall unterliegt, sondern ganz bestimmten Gesetzmäßigkeiten folgt. Aufgrund dessen ist es möglich, ein bestimmtes, partnerschaftliches Schicksal auch ohne die Gabe der Clairvoyance oder irgendeinen Hokuspokus **vorherzusagen,** wenn die »Eckdaten« des Betreffenden bekannt sind. Übernimmt z. B. eine Frau das Skript ihrer Mutter, hat aber die Vorstellung und den Wunsch, dass ihr künftiger Mann ganz anders sein soll als ihr Vater, dann wird sie zwangsläufig enttäuscht werden; denn sie wird mit an Sicherheit grenzender Wahrscheinlichkeit primär Männer anziehen, die ihrem Vater ähneln. Alle Auflehnung gegenüber dem »ungerechten« Schicksal oder gar gegenüber den vermeintlich »falschen« Männern nützt ihr nichts; genauso wie es für sie vergebens ist, ständig darauf zu **hoffen,** dass endlich einmal ein Mann eines anderen Typus auftaucht, einer, der dem Bild entspricht, das sie sich vor ihrem geistigen Auge ausgemalt hat. Aus diesem Schicksalszwang kann sie sich nur befreien, indem sie das Skript verändert, das sie von ihrer Mutter übernommen hat.

Wenn man also die partnerschaftliche Zukunft eines Menschen prognostizieren will, muss man zunächst in Erfahrung bringen, was dieser von seinem Vater bzw. seiner Mutter übernommen und ggf. welches Antiskript er zu welchem Elternteil entwickelt hat. Dann erst kann man herausfinden, wie groß seine Chancen sind, dass er auf der Suche nach seinem Wunschpartner Erfolg haben wird.

Es gibt vier verschiedene Grund-Konstellationen mit den entsprechenden Schicksalsvarianten. Diese werden zunächst auf das weibliche Geschlecht bezogen dargestellt:

1. **Die Frau ähnelt im Verhalten, Fühlen und Denken ihrer Mutter**

Das ist z. B. dann der Fall, wenn diese mit ihrem mütterlichen Anteil herrschsüchtig und dominant war sowie wenige Qualitäten als Geliebte vorzuweisen hatte und ihre Tochter dieses Skript übernommen hat. War ihr Vater zudem ein eingeschüchterter und schwacher Mann mit wenigen väterlichen Anteilen und wenig Anlagen als Liebhaber, wird sie aufgrund dessen einen ähnlichen Mann suchen. **Die Frau ist in diesem Fall mit beiden Elternteilen, so wie sie sich ihr gegenüber gezeigt haben, einverstanden.** Sie übernimmt die Moralvorstellungen, die Rollenverteilung und die Stimmungslage der Eltern und wiederholt dies schließlich mit ihrem Mann. Vielleicht sagt sie sogar: »Bei uns in der Familie ist es Tradition, dass die Frauen die Starken sind und die Männer nicht viel zu melden haben.« Wie auch immer die elterliche

Konstellation gewesen sein mag (Mutter dominant, Vater schwach; Vater autoritär und cholerisch, Mutter gutmütig und liebevoll etc.), die Tochter übernimmt hier das Skript der Mutter und sucht nach einem Mann, der ihrem Vater ähnelt. Da sie Mutter und Vater o. k. findet, wird ihr Schicksal in der Partnerschaft mit großer Wahrscheinlichkeit dem ihrer Eltern ähnlich sein.

Diese Konstellation ist auf dem Lande weit verbreitet. Dort ist es üblich, dass die Kinder die pauschalen Normen bzw. die Gebote und Verbote von Moral und Konvention kritiklos übernehmen. Ein Mensch mit solchem Gedankengut fühlt sich in vorgegebenen Formen am wohlsten und eckt daher nirgends an. Er fühlt sich vielleicht geborgen in seinem Heimat- und Schützenverein, lacht und tanzt ausgelassen im Fasching und ist traurig am Aschermittwoch. Da es an allen Ecken und Enden das gibt, was er sich vorstellt und was zu ihm passt, wird er permanent in seinem Sosein bestätigt und bestärkt, braucht kaum etwas infrage zu stellen und wird überdies von den meisten geachtet und anerkannt. Vielfach wird ein solcher Mensch beneidet, weil dieser sich so gut wie nie aufregen oder auflehnen muss – für ihn ist ja ohnehin alles bestens, sein Leben funktioniert wunderbar. Insbesondere funktioniert natürlich auch seine Partnerschaft in seinen Augen nahezu perfekt, wobei das vorgegebene Muster der Eltern unreflektiert repetiert wird. Viele Menschen aus seiner Umgebung sagen dann: »Also ist es doch möglich, glücklich zusammen alt zu werden und bei einem einzigen Partner bis ans Lebensende zu bleiben!«

2. Die Frau ist ihrer Mutter ähnlich, entwickelt aber ein Gegenbild zu ihrem Vater

Bleiben wir bei dem Beispiel, in dem eine Frau das dominante Verhalten ihrer Mutter übernommen hat. Im Gegensatz zu Punkt 1 ist sie jetzt aber mit ihrem Vater, so wie er war, **nicht** einverstanden. Für sie war er ein »Waschlappen«, ein »Warmduscher« und »Weichei«, für den sie einesteils Mitleid, anderenteils aber auch Verachtung empfand. Mit so einem Mann möchte sie jedenfalls nicht ihr Leben verbringen. Also wird vor ihrem geistigen Auge das Bild eines Mannes entstehen, der dynamisch und durchsetzungsstark ist, ihr seelische Sicherheit geben kann, bei dem sie Halt findet, der souverän ist, den sie respektieren und achten kann. Doch leider wird sie angesichts dieser Konstellation einen solchen wohl kaum finden. Da sie ihrer Mutter ähnlich ist, kann sie entweder nur Männer anziehen, die ihrem Vater ähneln, oder Männer, die als Pseudo-Vater oder Pseudo-Amor auftreten. Liiert sie sich mit einem Mann des letzteren Typus, wird sie dessen Täuschungen früher oder später entlarven und ihn zu guter Letzt deswegen genauso »niedermachen«, wie das ihre Mutter mit ihrem Vater gemacht hatte. Manche Frauen mit dieser Konstellation versuchen oft, ihren Partner so zu erziehen, dass er deckungsgleich mit dem Gegenbild zu ihrem Vater wird. Dafür kämpfen sie häufig leidenschaftlich – ein aussichtsloses Unterfangen. Denn jeder Mann ist ein eigenes Individuum und wurde nicht deshalb inkarniert, um dem in ihrer Psyche wohnenden Gegenbild zu entsprechen.

3. **Die Frau entwickelt ein Antiskript zum Skript ihrer Mutter, findet aber ihren Vater gut und vergleicht jeden potentiellen Partner mit ihrem inneren Vaterbild**

Das bedeutet, dass sie ihre Mutter nicht passend für ihren »guten« Vater findet. Wie lautet hier die Prognose in Bezug auf das partnerschaftliche Schicksal dieser Frau? Wenn sie ein Antiskript zu ihrer Mutter lebt, kann sie keinen Mann anziehen, der ihrem Vater im Denken und Verhalten ähnlich ist. Einen solchen Mann bekäme sie ja logischerweise nur, wenn sie ein ähnliches Skript wie ihre Mutter aufweisen würde.

Hierzu der Fall von Michaela, die ein Antiskript zum Skript ihrer Mutter entwickelt hatte. Während sie ihren Vater als lieben, netten, aber etwas hilflosen Mann schilderte, verurteilte sie ihre Mutter als kalte, kleinkarierte, undifferenzierte, sich ungehobelt benehmende, unflexible und geschmacklos gekleidete Frau. Schon sehr früh bemerkte sie eine gleichgeschlechtliche Konkurrenz zwischen ihrer Mutter und ihr. Sie war von Anfang an Papis Liebling, und ihre Mutter reagierte zunehmend eifersüchtiger auf sie. Als Michaela erwachsen geworden war, gelang es ihr, ihre Mutter auf fast allen Lebensfeldern zu übertreffen. Sie glaubt, mit folgenden Eigenschaften und Talenten ausgestattet zu sein: warmherzig, intelligent, modebewusst, selbstständig, kosmopolitisch, unabhängig und niveauvoll. Michaela beklagt sich jedoch, dass sie nie eine Beziehung zustande gebracht hat, die wenigstens partiell gestimmt hätte. Ihre bisherigen Partner beschrieb sie als niveaulose Figuren, die kein echtes Interesse an ihr hatten, die ohne ihre Hilfe im Leben nicht zurechtgekommen sind oder sie nur ausnutzen wollten, d. h., sie hatten sie nur aufgesucht, um sich zu wärmen bzw. verköstigen zu lassen.

Betrachtet man ihre Konstellation »Mutter nicht o. k., Vater o. k.«, dann wird klar, was sich bei ihr schicksalsmäßig abspielt. Da sie in fast allen Belangen den Gegenpol zu ihrer Mutter lebt, passt ihr »Vater« nicht mehr zu ihr. Demnach wird sie so lange Männer »unter ihrem Niveau« anziehen, bis sie sich der Tatsache bewusst geworden ist, dass sie ihre »Differenziertheit« sowie ihre »toughe« Art ihrem verachteten Gegenpol, also ihrer Mutter, zu »verdanken« hat. Doch erst wenn sie damit aufhört, die Rolle der perfekten Frau zu spielen und auch ihre Schwächen und ihre Bedürftigkeit dem anderen Geschlecht gegenüber zu zeigen wagt, kann sie einen Mann, der einen anderen Typus verkörpert, kennen lernen und für sich gewinnen.

4. **Die Frau entwickelt Antiskripts zu dem Skript ihrer Mutter und dem ihres Vaters**

In diesem Fall hatte sie also an beiden Elternteilen einiges zu bemängeln. Sie sagt sich z. B.: »Ich möchte nie so werden wie meine Mutter und ich möchte auch nie einen Mann, der so ist wie mein Vater. Auch möchte ich nie eine Beziehung haben, wie sie mir Mama und Papa vorgelebt haben.«

Wie wird der Schicksalsweg einer solchen Frau in der Partnerschaft wahrscheinlich aussehen?

Um diese Frage beantworten zu können, müsste man wissen, ob das Antiskript zu ihrer Mutter zu dem Antiskript

zu ihrem Vater passt oder – anders ausgedrückt – ob die Personifikation des Gegenbildes zur Mutter mit der Personifikation des Gegenbildes zum Vater eine Partnerschaft eingehen kann.

Dies wäre z. B. der Fall, wenn die Tochter einer sich für die Familie aufopfernden »Madonna« ein Playgirl wird, das primär dem Wohlleben frönt und nach einem »braven«, strebsamen, jungen Mann Ausschau hält, der genau den Gegenpol zu ihrem cholerischen Vater darstellt.

Aufgrund der Geschlechtsidentifikation lebt eine Frau gewöhnlich sowohl das Skript als auch das Antiskript ihrer Mutter selbst und sucht Partner, die das Skript bzw. Antiskript ihres Vaters zum Ausdruck bringen. Es kommt selten vor, dass sie das Skript oder Antiskript ihres Vaters übernimmt bzw. selbst leben will.

Entsprechend neigt ein Mann eher dazu, das Skript seines Vaters zu übernehmen oder zu versuchen, ein Antiskript zu dessen Skript zu leben, als sich am Lebensplan seiner Mutter oder an dessen Gegenteil zu orientieren. Er wird eher das Bild seiner Mutter oder ihr Gegenbild in der Partnerschaft suchen bzw. auf seine jeweilige Partnerin projizieren.[*]

Im Falle eines Mannes ergeben sich demzufolge entsprechende Konstellationen:

1.) Der Mann ähnelt im Verhalten, Fühlen und Denken seinem Vater, hat demzufolge dessen Skript übernommen und geht mit seinem inneren Mutterbild auf Partnersuche. Hier ist er mit beiden Elternteilen weitgehend einverstanden und im Einklang.

2.) Der Mann ist seinem Vater ähnlich, entwickelt aber ein Gegenbild zu seiner Mutter. Das bedeutet, dass er mit seinem Vater weitgehend übereinstimmt, aber seine Mutter für verbesserungsbedürftig hält.

3.) Der Mann entwickelt ein Antiskript zum Skript seines Vaters, findet aber seine Mutter gut, und so vergleicht er jede potentielle Partnerin mit seinem inneren Mutterbild. Daraus lässt sich schließen, dass er seinen Vater als unpassend für seine »gute« Mutter betrachtet.

---

[*] Ist jedoch bei ihm eine besonders große Vaterproblematik vorhanden, kann diese auch über dessen Lebenspartnerin erfahren werden. Und wenn eine Frau massive Probleme mit ihrer Mutter hatte, können ihre Partner manchmal auch die Rolle ihrer Mutter übernehmen.

4.) Der Mann entwickelt ein Antiskript zum Skript seines Vaters und ein Gegenbild zum Bild seiner Mutter. In diesem Fall können wir also davon ausgehen, dass er mit beiden Elternteilen unzufrieden war.

Wie Geschwister auf das Skript ihrer Mutter jeweils anders reagieren können, macht der Fall Veronika deutlich. Veronika hatte zwei Töchter. Aufgrund ihrer Alkoholabhängigkeit konnte sie ihren Mutterpflichten nur ungenügend nachkommen. Wenn ihr Mann Günther nach der Arbeit abends nach Hause kam, fand er seine Frau oft total betrunken vor. Günther musste dann noch die ganze Hausarbeit erledigen und sich um die Kinder kümmern. Zu seiner erstgeborenen Tochter Julia hatte er ein besonders gutes Verhältnis. Er verwöhnte sie maßlos und vergötterte sie als seine »Prinzessin«. Die Beziehung zu seiner zwei Jahre jüngeren Tochter Christine war dagegen gespannt. Auf die vorgefundene elterliche Situation reagierte Julia mit einem Antiskript zum Skript ihrer Mutter, insbesondere dadurch, dass sie gegenüber ihrem Kind Johannes zu einer »overprotecting mother« wurde, was sich sehr ungünstig auf dessen weitere Entwicklung auswirkte. Da sie als Kind keine Mutter im wirklichen Sinne erlebt hatte und sich deshalb oft vernachlässigt fühlte, ging sie in das andere Extrem, also in den ebenso pathologischen Gegenpol, weil sie annahm, dass sich eine »richtige« Mutter so verhalten würde.

Christine hingegen übernahm das Skript ihrer Mutter, doch nicht dergestalt, dass sie auch der Trunksucht verfiel, sondern dass sie dieselben Zustände reproduzierte, die bei dieser vorherrschend waren: totale Orientierungslosigkeit,

Chaos, Verwahrlosung, Hilflosigkeit … In der Küche stapelte sich wochenlang ungewaschenes Geschirr, im Bad türmte sich die Schmutzwäsche, ihr Mülleimer quoll regelmäßig über, und auf ihren Schränken lag zentimeterdick der Staub.

Welche Männer zogen die beiden Schwestern an?

Julia (46) hatte seit einem One-Night-Stand, aus dem ihr Sohn Johannes hervorgegangen war, keinerlei Intimkontakte. Sie konnte mit dem Antiskript ihrer Mutter keinen Partner finden, der sie so wie ihr Vater verwöhnt und verhätschelt hätte, und einen anderen wollte sie nicht.

Ihre Schwester Christine (44) war überhaupt noch nie mit einem Mann intim. Sie übernahm das Skript ihrer Mutter und suchte einen Mann, der das Antiskript zu ihrem Vater verkörpert. Da dieses Angebot auf dem Partnermarkt nicht gefragt war, machte ihr bisher kein einziger Mann den Hof.

Ein anderes Beispiel: Joachim, ein rational und nüchtern denkender Diplomingenieur, hatte zusammen mit Anna, einer gefühlvollen Frau, zwei Söhne. Der Erstgeborene, Gabriel, verdient heute als Künstler seinen Lebensunterhalt, während der Zweitgeborene, Anton, Mathematiker wurde und sich im Denken und Lebensstil nach seinem Vater ausrichtete. Gabriel entwickelte ein Antiskript zum Skript seines Vaters und ein Antiskript zum Skript seiner Mutter und ist heute mit 49 Jahren immer noch auf der Suche nach einer passenden Frau. Anton hingegen hat inzwischen eine Frau angezogen, die quasi eine Neuauflage seiner Mutter darstellt.

Die partnerschaftlichen Schicksalswege, die anhand der bisherigen Beispiele beschrieben wurden, setzen voraus, dass die Reinform der Übernahme eines Skripts oder des

Antiskripts dazu vorliegt. Wenn manche Teile von der Mutter übernommen und andere abgelehnt und daher verbessert werden sowie bestimmte Eigenschaften, Anlagen und Verhaltensweisen des Vaters gutgeheißen und deshalb übernommen, andere hingegen durch den Gegenpol ausgedrückt werden, dann wird die Situation etwas komplexer. In solchen Fällen wird eine neue »Mutter« oder ein neuer »Vater« als geistiges Bild »zusammengebastelt«, das zum Teil aus Beständen der real existierenden Mutter bzw. des real existierenden Vaters besteht.

Grundsätzlich lässt sich jedoch sagen, dass bei den meisten Menschen die Tendenz besteht, ihre inneren Eltern zu »verbessern«.

Und noch etwas muss in diesem Zusammenhang erwähnt werden: In einigen Fällen lebt man zuerst das Antiskript zu seiner Mutter bzw. zu seinem Vater, wird dann aber nach der Midlifecrisis diesen immer ähnlicher.

Fazit: Was kann man tun, um den »richtigen« Partner anzuziehen?

Im Grunde genommen ist die Antwort sonnenklar:

Wenn sich eine Frau einen Mann wünscht, der ihren Vorstellungen von einem Traummann (= meist verbesserter Vater) entspricht, dann muss sie zuerst dafür sorgen, dass sie selbst eine adäquate Partnerin für diesen Mann ist. Und: Wenn ein Mann eine Frau sucht, die einen bestimmten Typus von Traumfrau (= meist verbesserte Mutter) verkörpert, dann muss er selbst als der passende Partner für diese Frau in Erscheinung treten.

Damit sind wir wieder an unseren Ausgangspunkt zurückgekehrt: Das Angebot regelt die Nachfrage.

Nur wer ein gutes Angebot unterbreitet, kann mit einer entsprechenden Nachfrage rechnen, d. h., es besteht erst dann die Chance, dass ein Partner in sein Leben tritt, der seinem Suchbild entspricht.

Fragen, die man sich in diesem Zusammenhang stellen könnte:

1. Welche der vier Konstellationen trifft auf mich am ehesten zu?
2. Welches Schicksal habe ich dadurch in meinen Partnerschaften erfahren?
3. Was könnte ich tun, um ein besseres Schicksal zu erwirken?
4. Welche Eigenschaften, Fähigkeiten bzw. körperlichen Merkmale sollte mein Traumpartner haben?
5. Bin ich für einen solchen Typus der passende Partner?
6. Was muss ich tun, um den gleichgeschlechtlichen Elternteil in mir selbst zu verbessern?
7. Hat sich im Laufe der Jahre an meinem Angebot bzw. an meinem Suchbild etwas geändert, oder ist beides gleich geblieben?
8. Welche Vater- und Mutterbilder haben oder hatten ggf. meine Geschwister?
9. Wie kann ich den Vater und die Mutter in mir selbst in Einklang bringen?
10. Kenne ich die partnerschaftlichen Schicksalswege meiner Freunde bzw. meiner Verwandten und kann ich deren künftige Verläufe aufgrund dieser Kenntnisse prognostizieren?

III. Die feste Beziehung

In diesem Abschnitt unternehmen wir einen Ausflug in das weite Feld fester Beziehungen und lernen einige Kriterien kennen, die unbedingt beachtet werden müssen.

Wir werden das Gesetz von Ursache und Wirkung aus einem ungewöhnlichen Blickwinkel betrachten, werden erfahren, welche unbewussten Zwänge es gibt und warum der Beziehungsalltag nur durch die Verwirklichung von drei verschiedenen Rollen gemeistert werden kann.

Wir werden die verschiedenen Beziehungsvarianten untersuchen und eruieren, wodurch Liebe entsteht, welchen Gewinn man aus einer Beziehung ziehen und wie man bei dem »richtigen« Partner sein Zuhause finden kann.

»Das Schicksal eines Menschen
ist die Summe der von ihm
– bewusst oder unbewusst –
gesetzten Ursachen.«

Das Schicksal ist nichts anderes als das Erwirkte

Schicksal wird vielfach so verstanden, dass der Einzelne mit dem, was ihm »geschickt« wird, fertig werden muss, dass ihm nichts anderes übrig bleibt, als das »Geschickte« zu verarbeiten. Die wenigsten haben sich jedoch darüber Gedanken gemacht, wie sie ihre Geschicke selber lenken können, sodass Schicksal nicht mehr etwas ist, was von oben – etwa von einer höheren Instanz – geschickt wird, sondern was sie selbst bewirkt haben, also sich selbst haben schicken lassen, z. B. durch die Reaktionen, die sie in der Umwelt auslösten, durch Körperhaltung, Kleidung, Sprache, Statussymbole, Verhalten, Gefühle, innere Bilder, Normen und Ideale. Die Reaktionen der anderen erscheinen den meisten als von ihnen unabhängige Aktionen oder, anders ausgedrückt, als Einwirkungen der anderen, die ohne ihr Zutun auf sie zukommen, was nur allzu oft als ungerechtes Schicksal erfahren und empfunden wird. Wer die Reaktionen und Wirkungen der Umwelt auf sich selbst nicht versteht, ist wie ein Blatt im Wind, sein Schicksal liegt für ihn wie im Nebel.

Deshalb hat ein solcher Mensch gewöhnlich Angst vor

der Zukunft. Er kann kaum etwas in seinem Persönlichkeitssystem und damit an seinem Schicksal verbessern. Vielleicht erleidet er einen »Schicksalsschlag« nach dem anderen, ohne Sinn, Zweck und Ziel des »Geschickten« zu erkennen, ohne zu wissen, warum gerade ihm dieses oder jenes passiert. Ihm kommt es so vor, als würde das Schicksal nach der »Holzhammermethode« arbeiten. Kaum hat er sich von einem Schlag halbwegs erholt, wird ihm ein weiterer Schlag versetzt, der ihn betäubt im Kreis gehen lässt. Es ist an der Zeit, aus diesem Delirium zu erwachen und bewusst sein Schicksal selber zu gestalten. Dazu muss man sich Wissen über die Wirkungsweise des Schicksals aneignen. Erst danach besteht die Möglichkeit, die verschiedenen Wirkungen zu verstehen, die man in der Umwelt auslöst, und man kann künftig die Ursachen so setzen, dass zunehmend wünschenswerte Wirkungen eintreten.

Auf diese Weise kann man strategisch und taktisch vorgehen, kann auf dem Schachbrett des Schicksals seine Figuren so platzieren, dass man nicht mehr mattgesetzt werden kann.

Leider sind Strategie und Taktik mittlerweile negative Reizwörter für alle, die – wie es heutzutage in weiten Kreisen Mode geworden ist – nur »ganz spontan im Hier und Jetzt« leben wollen. Doch ein Lebenstrieb, dessen Energie sich nach keinem Programm ausrichten kann, verausgabt sich, ohne dass dabei auf effiziente Weise Ziele erreicht werden. Jeder, der ein Haus bauen will, geht nach einem vorher festgelegten Plan vor. Jeder körperliche Organismus, jede Zelle funktioniert nach einem ganz bestimmten Rhythmus und Programm. Aber für ihr Lebensgebäude haben die meisten Menschen kein Konzept. Viele empfinden den Wunsch, das eigene Schicksal in die Hand zu nehmen, als Anmaßung oder Frevel. Sie sagen, man solle das lieber »dem Einen da oben« überlassen und jeder Versuch, durch strategisches Vorgehen Einfluss auf das eigene Schicksal zu nehmen, sei Hybris oder unzulässige Manipulation. Doch wer sein Schicksal nicht selbst gestaltet, wird vom Schicksal manipuliert. Wer selbst nicht frei wählt, was er im »Schicksalsladen« erwerben will, bekommt vom Schicksal meist nur alte und verdorbene Ware »serviert«. Man könnte auch sagen: Es wird ihm eine Art Schicksals-Zwangsjacke verpasst, sodass jegliche freie Wahl ausgeschlossen ist. Ich glaube nicht, dass es edler ist, unbewusst und spontan Ursachen zu setzen und daraufhin unter den entsprechenden Wirkungen zu leiden, ohne zu wissen, warum, als sich bewusst in das Gesetz von actio et reactio zu integrieren.

Wenn man bedenkt, wie sehr doch unser Wohlbefinden und unsere Gesundheit von den Reaktionen der Umwelt auf uns selbst abhängen, sollte man schon den Mut aufbringen, sich mit diesen Gesetzmäßigkeiten vertraut zu machen.

Da dies zur Folge hat, dass man die Schuld nicht mehr bei seinem Partner oder ganz allgemein nicht mehr im Außen suchen kann, ist ein solcher Mut nicht weit verbreitet.

Einige können auch gar nicht verstehen, dass scheinbar triviale Äußerlichkeiten wie die eigene Kleidung, die eigenen Möbel oder das eigene Auto einen starken Einfluss darauf haben, wie andere einem begegnen. Natürlich möchte jeder um seiner selbst willen gemocht und angenommen werden und nicht aufgrund von solchen Kriterien. Auch würde kaum jemand offen zugeben, dass er sich von diesen leiten lässt oder gar seine Mitmenschen danach einschätzt. Und dennoch: Bewusst oder unbewusst tun dies fast alle. Kaum jemand kann sich dem wirklich entziehen, und wer behauptet, dies zu können, unterliegt meist einer Selbsttäuschung. Greifen wir im Folgenden ein paar Kriterien auf, die bei anderen entscheidende Reaktionen auslösen können, damit wir diese nicht als bloßes Schicksal fehlinterpretieren.

1. Die körperliche Konstitution bzw. das körperliche Erscheinungsbild

Dies ist ein Aspekt, bei dem Strategie und Taktik eine große Rolle spielen, obwohl unser Körper sowie unser Aussehen weitgehend genetisch vorbestimmt sind. Es ist überaus wichtig, sich die hauptsächlichen Reaktionen der Umwelt auf den eigenen Typus vor Augen zu führen, um diese ggf. abschwächen bzw. ihnen gegensteuern zu können.

Ein breitschultriger Mann mit 1,90 m Körpergröße sieht die Welt mit anderen Augen als einer, der nur 1,60 m misst. Man begegnet Ersterem vielleicht mit mehr Respekt, Angst oder gar Unterwürfigkeit, man redet ihm womöglich eher nach dem Mund. Eine kleine, zart gebaute Frau mit großen Kulleraugen wird bei ihren Mitmenschen gewöhnlich eher den Beschützerinstinkt wecken und vielleicht zunächst auch mehr Zärtlichkeit beim anderen Geschlecht erwirken als eine Frau mit einer kräftigeren Statur. Auch hat jede Frau sicher die Erfahrung gemacht, dass man ihr, wenn sie geschminkt ist, anders begegnet, als wenn sie sich »farblos« in der Öffentlichkeit zeigt.

2. Kleidung

In seiner Novelle »Kleider machen Leute« beschreibt Gottfried Keller, wie sehr die Reaktionen anderer Menschen von unserer Kleidung abhängen. Es geht darum, wie ein armer Schneider durch vornehme Kleidung Anerkennung und Ehrerbietung erwirkt.

Mithilfe von Kleidung lassen sich die verschiedensten Reaktionen auslösen. So kann etwa bei Frauen Farbe und Stil der Kleidung einen Schlüsselreiz für das andere Geschlecht darstellen, also ein ausschlaggebendes Moment dafür sein, ob ein potentieller Partner Interesse zeigt oder nicht.

Jede Frau kann sich fragen: »Was muss ich anziehen, damit ich den Typ von Mann anziehe, den ich mir vorstelle?«

Oder (wenn sie schon einen festen Partner hat): »Wie kleide ich mich, um ganz bestimmte Reaktionen bei meinem Partner auszulösen?« So könnte etwa die Farbe Rot einen bestimmten Mann sexuell reizen oder auch aggressiv stimmen, während Grün ihn vielleicht eher beruhigt bzw. zur Harmonie bringt. Ein feminines Kleid dürfte beim Partner eher die Gefühle von Zärtlichkeit und seelischer Wärme auslösen, ein kurzer Lederrock eher Gefühle der Begierde und Leidenschaft wecken, eine Schlabberhose oder ein Hosenrock hingegen womöglich Gefühle der Aggression oder sogar Fluchtreaktionen entstehen lassen.

Ferner muss differenziert werden, welche Gefühle die jeweilige Kleidung bei wem auslöst, und zwar

a) bei einem selbst,
b) bei den Geschlechtsgenossen oder -genossinnen (Frauen finden häufig ganz andere Dinge schön oder erotisch als Männer) oder
c) beim anderen Geschlecht.

In all diesen Fällen besteht die große Schwierigkeit darin, dass sich kaum jemand der subtilen Mechanismen bewusst ist, die hier eine Rolle spielen. Kaum jemand wagt es, seinem Partner zu sagen, dass er sich über dessen giftgrünen Pullover oder dessen ausgebeulte, dunkelblaue Trainingshose ärgert, weil dadurch sein ästhetisches Auge verletzt wird. Entsteht dadurch Ärger oder Aggression, so werden diese Emotionen im Allgemeinen verdrängt. Später kommen sie dann bei Anlässen zum Ausdruck, die mit der wahren Ursache meist nicht das Geringste zu tun haben.

Das bisher Gesagte macht deutlich, dass der eigene Geschmack im Rahmen von Begegnung und Partnerschaft gefunden werden soll, d. h. unter Miteinbeziehen der Reaktionen des anderen. Hier soll nicht der Verleugnung des ursprünglichen Geschmacks das Wort geredet werden, man sollte jedoch bei allem Modebewusstsein nicht vergessen, dass Kleidung auch den Sinn und Zweck hat, dem anderen Geschlecht zu gefallen. Das, was man anzieht, zieht an – oder stößt ab!

Manchmal ist die eigene Garderobe nichts anderes als die Widerspiegelung der Anpassung an ein Modediktat, der eigenen Depression, Traurigkeit oder auch Frustration. Es ist daher nicht verwunderlich, wenn man damit eine ungünstige Anziehungskraft erwirkt – entweder zieht man einen »falschen« Partner an oder gar keinen.

Wenn jemand seinen Geschmack obendrein dogmatisiert – was gar nicht so selten ist – und sich auf das andere Geschlecht partout nicht einstellen will, muss er mit den entsprechenden Reaktionen rechnen. Ja, mehr noch! Er muss sie auch ertragen und mit ihnen umgehen können. Wenn er schon seinem »eigenen« Geschmack kompromisslos Tribut zollt, sollte er auf die Aggressionen, Nörgeleien oder die Entwertungshaltung seines Partners wenigstens nicht mit Gegenaggression oder Schuldzuweisungen reagieren, damit der Konflikt nicht eskaliert.

Wir können also konstatieren, dass eine bestimmte Kleidung beim Partner spezifische körperliche (z. B. erotische) und seelische Wirkungen (z. B. Gefühle der seelischen Liebe) hervorrufen kann. Es sind auch geistige Reaktionen möglich, z. B. ein subjektives Vorstellungsbild von der betreffenden Person, indem sie signalisiert, ob sie Anstand, Niveau oder Geschmack hat, welcher Gesellschaftsschicht sie angehört usw., oder auch Gegenreaktionen, wenn man beispielsweise den Partner in seiner Phantasie einfach anders kleidet. Statt der modrigen Kluft wird z. B. ein freundliches Kleid eingeblendet, statt des vergammelten Anoraks ein fescher Anzug.

Da jeder Mensch einen besonderen Stil und bestimmte Farben in der Kleidung bevorzugt, beeinflusst er damit entscheidend die Stimmungslage seines Partners. Dies geht manchmal so weit, dass dadurch auch dessen innersekretorisches Drüsensystem zu den verschiedensten Reaktionen veranlasst wird – z. B. zu einer Reduzierung oder Steigerung der Hormon-Produktion.

Es ist überzeugend nachgewiesen worden, dass jede andauernde emotionale Belastung, z. B. Gefühle von Furcht, Ekel, Ärger oder Zorn, pathologische Veränderungen in den innersekretorischen Drüsen hervorruft; im Laufe der Zeit werden häufig aufgrund der Vernetzung auch innere Organe und Organsysteme betroffen.

Wenn die Art und Weise, sich zu kleiden, als visueller Reiz lange genug negativ auf den Partner einwirkt, kann dies bei ihm chronische Krankheiten verursachen oder fördern.

3. Unterlassung

Viele Menschen, etwa in der Alternativszene, sind lethargisch und zu wenig aktiv. Dieses Verhalten ist jedoch keine reale Alternative zur herkömmlichen Lebensform, sondern

nur eine Reaktion dagegen, die im Grunde ebenso patholo-
gisch ist wie der Leistungsfetischismus unserer Gesellschaft.
Mit ihrer Verweigerung erlangen die Betreffenden kein angenehmes Schicksal – im Gegenteil, die Folge sind gewöhnlich Armut, Elend, Chaos, Ausgestoßensein, Einsamkeit,
Krankheit und Leid. Dies rührt daher, dass nicht nur falsche
Aktionen ungünstige Reaktionen verursachen, sondern
auch der Nichteinsatz einer Energie, die Unterlassung einer
Aktivität. Die Betreffenden klagen zwar, wenn das Schicksal
sie immer wieder hart trifft: »Ich habe doch gar nichts getan!« (im Sinne von: »Ich war doch nicht böse«). Doch das
eben ist es: Weil sie nichts getan haben, richtet sich das
Schicksal gegen sie. Sie kommen nicht auf den Gedanken,
dass sie selbst beim anderen das maßregelnde, strafende
Prinzip aktiviert haben und somit für dessen Aggression,
Wut oder gar Hass mitverantwortlich sind. Diese Problematik ist natürlich nicht auf die Alternativszene beschränkt,
sondern erstreckt sich auf die gesamte Berufswelt, wo z. B.
die Unterlassungen von Angestellten zu negativen Reaktionen bei deren Chefs führen können, z. B. zu Aggressionen,
Maßregelungs- und Bestrafungstendenzen.

Zur Erläuterung hier eine Übersicht:

Unterlassungen bei Angestellten	Reaktionen bei deren Chefs
nicht mitdenken	kleinliche Vorschriften
vergessen, sich nicht erinnern	Ermahnungen, Tadel

mangelnde Initiative	»Motivation« mit Zucker-brot und Peitsche
mangelnde Souveränität	Bevormundung
Unordnung	strenge Aufsicht
keine Reserven (Arbeitsmittel etc.)	penible Kontrollen, Zurechtweisung
nicht wirtschaftlich denken	Gehaltskürzung
Taktlosigkeit	Aggressivität
Unpünktlichkeit	Einführung von Stechuhren
Unzuverlässigkeit	ständige, scharfe Überwachung
Untätigkeit	Zwangsmaßnahmen

Die Energie, die der oder die Angestellte für die Aktivität hätte aufbringen müssen, wird verdrängt. Durch den Akt der Verdrängung wird diese Energie pervertiert, es entsteht z. B. Aggression. Die im Unbewussten schlummernde Aggression wird projiziert und erscheint nun beim Chef, sie spiegelt sich in dessen Verhalten (Gesetz der Wiederkehr des Verdrängten). Da in dem einen Pol zu wenig Energie eingesetzt wird, entsteht im anderen Pol zu viel Energie (Gesetz des Ausgleichs). Insofern gleicht die Aggressivität des Chefs den passiven und untätigen Angestellten aus.

Natürlich gilt der Zusammenhang auch umgekehrt, wenn etwa ein fleißiger, innerlich gefestigter Angestellter seinen faulen und cholerischen Chef ausgleicht.

Man kann also – wie wir gesehen haben – Aggressionen auch erzeugen, indem man *nichts* tut, nicht aktiv wird, sich um nichts kümmert.

Auch im partnerschaftlichen Bereich hat eine solche Verweigerung schwer wiegende Konsequenzen. Das Wesen einer guten Partnerschaft besteht darin, dass beide Partner ihre Energien in die Beziehung einbringen. Durch die daraus resultierenden Energieaustauschprozesse können beide beglückt und bereichert werden. Bringt ein Partner auf einem Lebensgebiet keine oder nur wenig Energie ein, wird der andere ungünstig darauf reagieren. Ein solches Verwehren kann nicht nur im Sexuellen, sondern auch auf jedem anderen Lebensgebiet erfolgen. Man kann z. B. seinem Partner zu wenig Aufmerksamkeit entgegenbringen, zu wenig Einfühlungsvermögen, zu wenig Liebe, zu wenig Wärme und Geborgenheit, zu wenig Interesse an seiner Person, an seinem Leben, an seinem Schicksal.

Ebenso ungünstig wirkt es sich aus, wenn man zu wenig Durchsetzungsvermögen hat, zu wenig Abgrenzung, zu wenig Informationen, zu wenig eigene innere Geborgenheit, zu wenig selbstständig ist, zu wenig seine Gefühle zeigt, zu wenig erotische Reize einbringt, zu wenig Wert auf ein Lebenskonzept legt, zu wenig gebildet ist, zu wenig seine Rechte durchsetzt, zu wenig Verantwortung zeigt, zu wenig Phantasie entwickelt hat oder diese zu wenig einsetzt. Über zu wenig Informationen zu verfügen bedeutet unter Umständen, dass eine Unterhaltung schnell langweilig wird. Manche hüllen sich in Schweigen und verursachen dadurch Wut oder Unmut beim Partner. Wer zu wenig erotische Phantasie entwickelt, riskiert, dass der Partner irgendwann das Interesse an einem verliert und das Weite sucht. Zu wenig Selbstständigkeit bewirkt beim anderen, dass er nicht unabhängig und frei agieren kann. Wer zu wenig seine Gefühle zeigt, verhindert damit, dass der andere die nötigen Feedbacks erhält, um Hintergründe wahrnehmen und aus seiner subjektiven Welt heraustreten zu können.

Wenn man sich all dies vor Augen führt, wird klar, dass jegliches Jammern und Lamentieren über ungerechtes Schicksal nicht nur Zeitverschwendung ist, sondern auch dazu führt, dass die eigene Beteiligung daran nicht erkannt wird bzw. das zugrunde liegende eigene Defizit bestehen bleibt. Indem man sich über die Wirkungen beklagt, kann man bequem von den eigenen Ursachen ablenken, wie falsche Aktivitäten oder mangelnder Energieeinsatz. Besonders deutlich wird dies in den Fällen, in denen man die Schuld am Scheitern einer Beziehung auf den Partner projiziert, indem man ihm z. B. vorhält, von ihm belogen oder betrogen worden zu sein.

Kaum jemand wirft die Frage auf, ob dem Betrug seines Partners nicht ein eigener Betrug vorausging, etwa dergestalt, dass man diesen permanent aufgrund mangelnden Energieeinsatzes um schöne Gespräche, um Freude und Spaß, um seine kostbare Zeit, um glückliche Stunden der Zärtlichkeit, um leidenschaftliche Nächte oder um tolle Erlebnisse in der Freizeit betrogen hat.

Es geht einfach darum, sensibilisiert zu sein in Bezug auf das Gesetz von Ursache und Wirkung und sich immer wieder zu fragen: Was erwirke ich beim anderen und was der andere bei mir? Oder: Wie reagiere ich auf meine Mitmenschen? Welche Reaktionen lösen meine Mitmenschen mit ihrer körperlichen Konstitution, mit ihren Gefühlen, Gedanken, Bewusstseinshaltungen und vor allem mit ihren Projektionen bei mir aus? Welche Reaktionen werden in meinem körperlichen, seelischen und geistigen Organismus auf die materiellen Symbole und Rahmenbedingungen meiner Mitmenschen ausgelöst? Welche Reaktionen rufe ich in der Außenwelt hervor? Wie wirke ich mit meinem Körper, meiner Sprache, meinen Gefühlen und meinem Denken auf die Umwelt ein? Welche Auswirkungen haben meine Erwartungshaltungen, Normen, Ideale und Projektionen? Wie reagiert die Umwelt auf meine materiellen Symbole und auf meine Rahmenbedingungen? Welche Reaktionen lösen meine Kleidung, meine Wohnung, meine berufliche Stellung, mein Auto und mein sonstiger materieller Besitz bei anderen aus?

Selbst wenn all diese Zusammenhänge und Interdependenzen in den Partnerschaftsseminaren von jedem Teilnehmer verstanden werden, klafft dennoch häufig eine Riesenkluft zwischen dem verstandesmäßigen abstrakten Erkennen und dem, was tatsächlich bei einem selbst »Sache« ist.

Mit anderen Worten: Bei anderen Menschen bzw. anderen Fallbeispielen ist immer alles klar, aber man selbst will gewöhnlich partout diese Erkenntnisse nicht auf das eigene Schicksal (=Erwirkte) übertragen. Man glaubt, man sei eine

Ausnahme und bei einem selbst sei alles ganz anders – z. B. wäre da doch eindeutig der andere schuld gewesen. Man ist allenfalls bereit, eine Mitschuld einzuräumen, was meist nicht mehr als ein Lippenbekenntnis ist. Denn fast nie wird konkret benannt, worin denn diese Mitschuld besteht – wenn überhaupt kommen höchstens Erklärungen wie: »Ich bin einfach zu gutmütig gewesen.« Oder: »Ich habe zu lange das neurotische Verhalten meines Partners zugelassen.«

Betrachten wir einmal den Fall des Ehepaares Ulrike und Robert S. Beide waren felsenfest davon überzeugt, dass der jeweils andere letztendlich die massive Krise, in der sich ihre Beziehung befand, verursacht hatte. Erst die Analyse der Vorwürfe, die sie sich gegenseitig an den Kopf warfen, konnte allmählich eine gewisse Ordnung in den Wirrwarr der Aktionen, Unterlassungen, Reaktionen und Überreaktionen bringen. Es brauchte sehr lange, bis Ulrike und Robert erkannten, wie ihre Anlagen und Eigenschaften spezifische Reaktionen beim Partner ausgelöst hatten. Dazu erstellten die beiden folgende Übersichten:

Ulrikes negative Eigenschaften:		Erwirktes bei Robert:
Egoismus	→	Frustrations- und Zurücksetzungsgefühle
Launenhaftigkeit	→	die Meinung, dass Ulrike manchmal nicht zurechnungsfähig ist

Nörgelei	→ Fluchttendenzen sowie Distanzverhalten
Handlungsblockade	→ Überforderung (Robert muss für zwei handeln)

Ulrikes positive Eigenschaften:	**Erwirktes bei Robert:**
Attraktivität	→ Stolz
erotische Künste	→ Treue
Informationen	→ Gesprächsbereitschaft und interessiertes Zuhören
Gartengestaltung	→ Freude

Roberts negative Eigenschaften:	**Erwirktes bei Ulrike:**
Angst vor Nähe; Konfliktscheu	→ Nörgelei
Meinungsdogmatismus	→ Ohnmachtsgefühle, Gefühle der Aussichtslosigkeit und Sinnlosigkeit

Drang, Ulrike zu kontrollieren	→ chronische Bronchitis

Roberts positive Eigenschaften: **Erwirktes bei Ulrike:**

beruflicher Erfolg	→ Stolz
Treue	→ Sicherheit und Geborgenheit

»In der Ehe muss man einen unaufhörlichen Kampf
gegen ein Ungeheuer führen, das alles verschlingt:
die Gewohnheit.«
(Honoré de Balzac)

Befreiung aus festgelegten Rollen

Immer wieder passiert es, dass jemand wie unter Zwang
oder Hypnose – so seine subjektive Empfindung – eine bestimmte Rolle auf der Bühne des Lebens spielen muss. Er
hat immer wieder in demselben Theaterstück seinen Auf-
tritt, nur mit jeweils wechselnden Partnern und Kulissen.

Wir werden im Folgenden untersuchen, woher ein solcher Wiederholungs- bzw. Schicksalszwang kommt und wie
der Betreffende sich daraus befreien kann.

Der Ehesprenger

Der Ehesprenger hat ein eigenartiges Skript. Für ihn ist eine
Frau nur interessant, wenn sie sich in einer festen Beziehung
befindet, am liebsten in einer Ehe. Er liebt das Spannungs-
gefühl, ob bzw. wie lange sie seinem Angebot und seinen
Verführungskünsten standhalten kann.

Hat er dann tatsächlich die Ehefrau eines anderen er-
obert, wird ihm die Beziehung zu ihr schnell langweilig.
Sein Unbewusstes flüstert ihm zu: »Geh doch mal rüber zu
Frau Schulze, ich glaube, bei der könntest du auch zum Zuge

kommen.« Und so wiederholt sich immer wieder dasselbe Spiel. Sehr häufig ist es jedoch so, dass die zurückgebliebene Ehefrau »Lunte« riecht und nun verstärkt den Drang verspürt, mit einem neuen Mann eine Beziehung einzugehen. Der Ehesprenger wird so zum Erfüllungsgehilfen dafür, dass verkrustete Ehen aufgebrochen werden und die betreffenden Frauen eine Neuorientierung wagen. Er selbst jedoch bleibt in Bezug auf Geborgenheit und Zugehörigkeit meist auf der Strecke.

Selbstverständlich kann die Aufgabe, eine Ehe zu sprengen, auch eine Frau erfüllen. Eine Ehesprengerin verliert aber meist aufgrund ihrer weiblichen Natur nach einiger Zeit die Lust an solchen Aktivitäten und angelt sich daraufhin einen Ehemann, bei dem sie bleibt, wenn er seine Scheidung durchgezogen hat.

> *»Ich habe immer die Ansicht vertreten,*
> *dass jede Frau heiraten sollte,*
> *jedoch nie ein Mann.«*
> *(Benjamin Disraeli)*

Der Ehekitter

Der Ehekitter hat im Unbewussten ein ganz anderes Programm. Er hat die »Aufgabe«, Ehen, die bereits kriseln oder gar schon in Auflösung begriffen sind, wieder den Odem des Lebens einzuhauchen. Der Ehekitter erscheint zunächst wie ein Traumprinz aus Tausendundeiner Nacht, sodass die

Ehefrau des anderen dahinschmilzt und Tag und Nacht nur noch an ihn denkt. Im Laufe der Zeit merkt sie aber, dass sie sich von ihrem Traumprinzen hat täuschen lassen, dass bei ihm alles mehr Bluff und Schein ist und in Wirklichkeit nicht viel dahintersteckt. Ja, mehr noch! Sie merkt, dass sie einer »Pflaume« aufgesessen ist, einem Mann, der kaum irgendwelche besonderen Qualitäten aufzuweisen hat. Und plötzlich fällt es ihr wie Schuppen von den Augen, und sie erkennt, dass ihr Ehepartner viel mehr Substanz hat als ihr bunt schillernder Liebhaber. Gerne kehrt sie darauf in die Arme ihres Ehemannes zurück. Dieser weiß oft gar nicht, wie ihm geschieht! Er fragt sich: »Warum geht meine Frau plötzlich so freundlich und liebevoll mit mir um?« Er wundert sich, nimmt ihre Liebe an und gibt ihr seine Liebe zurück. Die beiden sagen wie aus einem Munde: »Wollen wir es noch einmal versuchen!« Insofern hat der Mohr alias Ehekitter seine Schuldigkeit getan! Er muss nun weiterziehen, denn in der Ehe von Müllers steht es auch nicht zum Besten.

Wie kommt der Ehekitter aus der Zwangsjacke seiner Rolle heraus? Dies ist ein schwieriges Unterfangen, zumal kaum jemand einsehen will, dass er zu wenig Substanz hat und Anlagen nachreifen lassen muss. Meist besteht erst nach mehrmaligem Scheitern einer Beziehung die Bereitschaft, an sich zu arbeiten. Wenn jemand dies jedoch erfolgreich tut, hat er damit das enge Korsett seines Skripts gesprengt und sich damit die Chance verdient, eine Frau für sich zu gewinnen, die bleibt.

Anmerkung: Auch hier gilt selbstverständlich, dass die Rolle des Ehekitters auch von einer Frau übernommen werden kann.

»Jeder Mann hat zwei Charaktere:
den wirklichen und jenen,
den er nach Meinung seiner Frau hat.«
(Paul Guth)

Der Kumpel

Das ist die von Männern gefürchtetste Rolle.

Wenn eine Frau in ihrer Beziehung zu ihrem »Macho« oder »Patriarchen« Schwierigkeiten hat, trifft sie sich gerne mit einem Mann, den sie als Kumpel betrachtet, weil er gutmütig und verständnisvoll ist, weil auf ihn Verlass ist und er ihr mit Rat und Tat zur Seite steht. Ihm schildert sie ausführlich ihre partnerschaftlichen Probleme und weint sich bei ihm aus. Doch wenn der Betreffende sie dann trösten, den Arm um sie legen und sie zu sich herziehen will, legt sie den Arm bestimmt und sicher zurück und sagt: »Wollen wir gute Freunde bleiben! Wollen wir es dabei belassen!« Und der Kumpel schaut mit dem »Ofenrohr ins Gebirge« und muss unverrichteter Dinge wieder abziehen. Er kann nicht verstehen, dass die Frau, für die er schwärmt und für die er deshalb immer »Gewehr bei Fuß« steht, sich lieber mit dem »Bösewicht« abgibt als mit ihm. Immer wieder manövriert er sich unbewusst in solche Situationen, die ihn halb verrückt machen; denn immer wieder gibt es Frauen, die allen Ernstes glauben, dass eine Freundschaft ohne Sexualität mit einem Manne möglich wäre (dies geht meist nur, wenn der Betreffende impotent oder sexuell bereits anderweitig überfordert ist).

Was muss der »Kumpel« tun, um aus dieser misslichen Lage herauszukommen? Im Grunde gibt es hier nur eines: Er muss ein richtiger Mann werden! Er muss seine Energien konstruktiv einsetzen. Sich nach Körben in Aggression und Wut hineinzusteigern bringt ihn nicht weiter. Er muss lernen, sich durchzusetzen und zu behaupten, muss frecher werden, kalkulierte Risiken eingehen, keine Rivalität scheuen, mehr ein Mann der Tat werden. Ferner ist es wichtig für ihn, dass er vital und fit wird, dass er sich im Sport verbessert, dass er z. B. im Fußball agiler wird oder im Tennis knallhart aufschlägt. Dies bewirkt eine höhere Testosteronausschüttung und damit eine andere Ausstrahlung und Anziehung. Er braucht Erfolgserlebnisse als Mann, um sich wirklich als Mann fühlen zu können.

Deshalb muss er diese und andere männlichen Anlagen so lange einüben, bis er sich in der Männerwelt richtig behaupten kann. Und noch etwas: Er muss viel mehr Kontakte zu Frauen herstellen. Von den »Kontaktsamen«, die er legt, geht mit Sicherheit der eine oder andere auf. Und plötzlich ist er nicht nur als Kumpel gefragt, sondern auch als Liebhaber heiß begehrt.

Im Übrigen gilt selbstverständlich: Auch eine Frau kann die Kumpelfunktion übernehmen. Um sich aus dieser Rolle zu befreien, ist es für sie wichtig, vermehrt weibliche Anlagen auszubilden.

> *»Alle Männer sind auf der Suche*
> *nach der idealen Frau –*
> *vor allem nach der Hochzeit.«*
> *(Helen Rowland)*

Zweit-, Dritt- und Viertpartner

Kurt O., ein typischer erfolgreicher Geschäftsmann mit Macho-Allüren, ist stocksauer. Seine »Lieblingsfrau« Eva besucht gerade ihre Mutter in einem anderen Bundesland, seine Geliebte Marion, die in solchen Fällen als Zweitfrau einspringt, liegt mit Grippe im Bett, und seine Drittfrau, bei der er hin und wieder Stippvisiten macht, verweigert sich ihm, weil er ihren letzten Geburtstag vergessen hat. »Dann bleibt mir nichts anderes übrig, als auf Marga auszuweichen«, murmelt er vor sich hin. »Die ist zwar nicht das Gelbe vom Ei, aber besser eine Nacht mit Marga, als sexuell total obdachlos zu sein«, sagt er sich. Prompt ruft er sie an und lädt sie in ein nobles Restaurant ein. Dort umgarnt er sie mit Komplimenten und erklärt ihr, dass er beruflich stark engagiert gewesen wäre und deshalb so lange nichts von sich hören lassen konnte. Es kommt, wie es kommen muss: Beide landen schließlich im Bett. Für Marga ist es ein wunderschöner Abend, während Kurt dem Abend nur die Note 3 bis 4 verleiht, nicht zuletzt, weil er sich mit ihr nicht besonders gut unterhalten kann. »Bin ich froh, wenn Eva von ihrer Reise zurückkommt oder wenn wenigstens Marion wieder gesund ist«, denkt er sich auf der Heimfahrt. Am nächsten Morgen lässt er sogleich Marion via Taxi einen Blumen-

strauß und einen Geschenkkorb mit Lebensmitteln bringen, denn er selbst wagt sich aus Angst vor Ansteckung nicht in ihre Nähe. Marion kennt »ihren« Kurt diesbezüglich nur zu gut, weiß aber seine Geste zu schätzen. »Wenigstens kümmert er sich um mich und lässt mich nicht ganz im Stich«, denkt sie sich.

Kurt unterhält – wie es bei Männern seiner Art häufig vorkommt – mit mehreren Frauen eine Beziehung. Mit der in seinen Augen besten ist er verheiratet, die zweitbeste ist seine Geliebte und die dritt- und viertbeste hat er als Reserve für den Fall, dass »alle Stricke reißen«.

Was kann Marga, Kurts Viertfrau, tun, um aus der Position der Viertfrau herauszukommen?

Zunächst muss sie sich fragen: »Rangiere ich bei fast jedem Mann nur unter ›ferner liefen‹ oder nur bei Kurt?«

Es kann sein, dass sie von ihren Anlagen, ihrer seelischen Eigenart und ihrem Sexualverhalten her einfach nicht zu Kurt passt, während mit einem anderen Mann fruchtbare Gespräche und eine erfüllende Sexualität möglich wären. Es kann aber auch sein, dass sie ihrem Wunschpartner wirklich zu wenig bietet und daher mit einem der hinteren Plätze vorliebnehmen muss.

Das wäre der Fall, wenn ihr Partner als Mann mehr zu bieten hätte als sie als Frau. Die einzige Alternative, die ihr dann noch bliebe, wäre, einen Mann zu nehmen, der auch nur ein dürftiges Angebot einbringen kann. Die Frage ist nur, ob sie den überhaupt will. Doch dann würde die Waage wieder stimmen, und bei dem könnte sie dann auch die Nummer eins sein!

Das Provisorium

Ähnlich gelagert ist die Situation, wenn jemand immer wieder nur als Übergangslösung fungiert. Der Unterschied liegt nur darin, dass dessen Partner meist ein strengeres Überich als der Macho aus dem vorherigen Kapitel hat und deshalb nicht wagt, mehrere Beziehungen gleichzeitig zu unterhalten. Sobald er jedoch glaubt, einen besseren Partner gefunden zu haben, lässt er den aktuellen fallen wie eine »heiße Kartoffel«. So kann es einem passieren, dass man immer wieder nach einiger Zeit ausgetauscht wird. Der Partner war schon während der ganzen Zeit, in der man mit ihm zusammen war, unzufrieden, hat quasi innerlich gekündigt, man hat es nur nicht gemerkt. Ja, es kann sogar sein, dass der Partner die ganze Zeit über ständig nach einem neuen Partner Ausschau gehalten hat. Er hat einen lediglich zur Sicherheit gebraucht, weil er nicht absehen konnte, wann er bei seiner Suche Erfolg haben würde; denn die ganze Zeit ohne Partner zu sein wäre ihm unangenehm. Vielleicht lautete sein Motto: Lieber den Spatz in der Hand als die Taube auf dem Dach!

Es stellen sich folgende Fragen:

Bin ich bei einem spezifischen Partner nur eine Übergangslösung gewesen? Kommt es immer wieder vor, dass ich nur als Provisorium fungiere?

Wenn Letzteres öfter vorgekommen ist, heißt es auch hier, sein Angebot zu verbessern, damit der Partner, den man liebt, nicht mehr ständig woanders herumsucht, sondern gerne bei einem bleibt.

»Unser Wissen, das wir als Wissen betrachten,
erweist sich im Handeln.
Unter Wissen verstehen wir mittlerweile
in Handeln umgesetzte Informationen –
Informationen, die auf Ergebnisse zielen.«
(Peter F. Drucker)

Theoretiker – Handler – Praktiker

Da die Ehe und auch die »wilde« Ehe, also das Zusammenleben ohne Trauschein, eine Wirtschaftsgemeinschaft ist, spielen auch noch andere Kriterien eine Rolle, wenn sie gelingen soll.

Für das Zusammenleben als Paar, für das Führen eines gemeinsamen Haushalts und für die gemeinsame Lebensbewältigung müssen die jeweiligen Talente zusammenpassen und alle anfallenden Aufgaben angemessen verteilt werden. Dabei gilt es festzustellen, welchen der folgenden drei Typen man selbst und welchen der Partner primär verkörpert: Theoretiker, Handler oder Praktiker.

Der Theoretiker ist ein Mensch, der meist sehr belesen ist, sich viele Gedanken macht und auf den verschiedensten Lebensgebieten eigene Vorstellungen und Konzepte entwickelt. Er liebt es, zu diskutieren, zu theoretisieren, Informationen aufzunehmen und weiterzugeben. Manchmal betreibt er jedoch geistige Onanie, d. h. vor lauter Reden und Theoretisieren kommt er nicht zum Handeln. In solchen Fällen sind seine Theorien in der Regel nicht viel wert, weil sie abstrakt vom Handeln und von der Praxis entwickelt und vertreten werden. Der Betreffende erhält ohne das Umsetzen und Erproben seiner Theorien keine Feedbacks, aufgrund derer er Berichtigungen und Veränderungen in seinem Denkgebäude vornehmen könnte.

Der Typus des Handlers hingegen ist eine Frau oder ein Mann der Tat. Umsetzungsblockaden sind ihm fremd. Der Betreffende schiebt nichts auf die lange Bank und fackelt nicht lange. Er leiert sofort etwas an, telefoniert, managt, delegiert, organisiert und setzt alle Hebel in Bewegung, um ein Vorhaben oder Projekt zu verwirklichen. Er ist ein Macher, einer, der nichts für unmöglich hält, einer, der davon ausgeht, dass durch ein entsprechendes Management letztendlich fast jede Idee, jede Vorstellung und jeder Wunsch zu verwirklichen ist.

Er stellt sich stets die Frage: »Wenn ich es nicht mache, wer macht es dann?«

Und tatsächlich: Ohne den Handler geht im Leben nichts vorwärts – es würde kein Haus gebaut, keine Firma gegründet, kein Projekt verwirklicht werden. Ja, selbst bei kleinen Dingen bringen viele nichts zuwege, wenn kein Macher in der Nähe ist. Der Macher organisiert, dass ein Essen geliefert wird, ein Taxi kommt, ein Brief aufgegeben wird. Während der Theoretiker noch über ein Projekt diskutiert, hat es der Macher schon längst in Angriff genommen oder erfolgreich abgeschlossen. Manchmal besteht beim Handler aber die Gefahr, dass er zu viel handelt und hierbei Fehler macht oder zu schnell handelt, wenn es besser gewesen wäre, abzuwarten und die betreffende Sache noch ruhen zu lassen.

Außerdem: Wenn die Idee oder das Konzept, das er umzusetzen versucht, falsch oder nicht wirklichkeitsadäquat ist, handelt er ins Nichts hinein. Sein Handeln ist dann nicht von Erfolg gekrönt.

Der Praktiker ist derjenige, der tatsächlich Hand anlegt, der das ausführende Organ ist. Ohne ihn wären sowohl der Theoretiker als auch der Handler »aufgeschmissen«. Es gäbe niemand, der kocht, wäscht und putzt, niemand, der näht und bügelt, niemand, der die Heizung installiert, die Fliesen legt, die Lampen anbringt, das Auto repariert, den Garten anlegt …

Obwohl der Praktiker unentbehrlich ist, ist er dennoch meist derjenige, der am meisten arbeiten muss und am wenigsten Anerkennung bekommt.

Am günstigsten gestaltet sich das Bild, wenn in einer Partnerschaft weder die Theorie noch das Handeln und auch nicht die Praxis zu kurz kommen. Wenn zwei Menschen eine Verbindung eingehen, die beide primär Theoretiker sind, geht das meist nicht gut, weil bei dieser Konstellation nichts geschieht, es wird ständig nur theoretisiert und geredet, aber es folgen keine Taten. Der Kühlschrank ist leer, in der Wohnung herrscht heilloses Durcheinander, der Garten verwildert, und die Kinder beginnen zu verwahrlosen.

Liieren sich hingegen zwei Handler, kann es sein, dass – wenn die beiden nicht aufpassen und sich nicht vorher absprechen – viele Dinge doppelt organisiert werden oder Fragen nach dem Sinn und Zweck bestimmter Handlungen zu selten aufgeworfen werden. Es gibt dann zwar immer Aktion, Dramatik und Aufregung in der Familie – aber allzu oft heißt es: »Außer Spesen nichts gewesen.«

Kommen zwei Praktiker zusammen, besteht die Tendenz,

dass sie sich zu Tode arbeiten. Sie arbeiten und schuften den ganzen Tag, doch ohne nennenswerte Erfolge zu erzielen.

Wenn ein Theoretiker und ein Handler eine Verbindung eingehen, haben sie eine gute Ausgangsposition für Harmonie und Glück – vorausgesetzt, der Handler kann sich mit dem Konzept, dem Plan oder der Vorstellung des Theoretikers identifizieren. Allerdings brauchen sie dann aber auch noch die entsprechenden Finanzen, um sich Praktiker – ohne die es nicht geht – leisten zu können.

Manche Paare mit dieser Konstellation kennen aber auch Verwandte oder Bekannte, die diese Rolle – wenn Not am Mann ist – übernehmen.

In einigen Fällen »holt« das Unbewusste der beiden einen Praktiker in die Familie, indem es dafür sorgt, dass ihr gemeinsames Kind praktisch und technisch veranlagt ist. Auf diese Weise wird dann das System komplettiert.

Am effizientesten ist folgende Konstellation:

Einer ist Theoretiker und zugleich Handler, der andere Praktiker, d. h., der eine Partner hat ein Konzept, ein Programm, das entsprechende Know-how, nach dem er handelt, managt und organisiert, der andere ist das ausführende Organ. Ein Beispiel: Wenn eine Frau eine Vorstellung hat, wie der Anbau des gemeinsamen Hauses gestaltet werden soll und mit dem Architekten und den Behörden verhandelt, kann ihr Mann die handwerklichen Arbeiten zügig und hoch motiviert ausführen, vorausgesetzt, er ist vom Konzept überzeugt und glaubt daran, dass mit der Erweiterung des Hauses eine Verbesserung der Wohn- und Lebensqualität verbunden ist.

Wie das Fehlen einer Rolle das Paarsystem gefährdet,

zeigt der Fall Erika und Tom. Erika war eine typische Händlerin. Wenn sie in Aktion trat, setzte sie Gott und die Welt in Bewegung. Sie telefonierte, schickte E-Mails, verhandelte, organisierte und delegierte – doch leider ohne ein richtiges Konzept zu haben. Dadurch kam Tom, ein Praktiker par excellence, völlig durcheinander. Begann er an einer Stelle zu arbeiten, erhielt er von Erika plötzlich die Botschaft, woanders anzufangen, weil dies ihrer Meinung nach dringlicher wäre. War er dort am Werken, kam überraschend eine Materiallieferung und er musste beim Abladen helfen. So manövrierten sich beide Partner immer mehr in ein Tohuwabohu. Am Abend waren sie fix und fertig. Statt sich nach getaner Arbeit wenigstens auszuruhen, stritten sie oft nächtelang bis zur Erschöpfung. Eines Tages konnten sie den Stress nicht mehr ertragen und lösten ihre Beziehung.

Nun verkörpert aber nicht jeder einfach nur die Reinform des Theoretikers, Handlers oder Praktikers, sondern es kann sein, dass er auch bei den anderen Rollen etwas einbringen kann.

Oft wird angenommen, es wäre am besten, wenn jemand alle drei Rollen in etwa gleich gut beherrschen würde. Die Erfahrung zeigt aber, dass maximal nur zwei Rollen gut gemeistert werden können. Versucht jemand, überall exzellent zu sein, verzettelt er sich häufig und bringt daher nirgends herausragende Leistungen zustande.

Fragen, die man sich in diesem Zusammenhang stellen könnte:

1. Bin ich mehr Theoretiker, mehr Handler oder mehr Praktiker?
2. Wie viele Punkte (von 1 bis 10) würde ich mir bei jeder Rolle geben? (Z. B. Theoretiker 8 Punkte, Handler 2 Punkte, Praktiker 7 Punkte.)
3. Welche Rolle nimmt mein Partner primär ein?
4. Harmonieren meine Rollen mit den Rollen meines Partners?
5. Haben in meinen früheren Partnerschaften die Rollen gepasst? War die mangelnde Übereinstimmung der Rollen oder das gänzliche Fehlen einer Rolle eine wesentliche Ursache für das Scheitern einer Beziehung?

»Liebe ist die Fähigkeit und Bereitschaft,
den Menschen, an denen uns gelegen ist,
die Freiheit zu lassen, zu sein,
was sie sein wollen, gleichgültig,
ob wir uns damit identifizieren können oder nicht.«
(George Bernard Shaw)

Die acht Varianten einer Beziehung

1. Man versteht sich mit dem Partner körperlich gut, aber seelisch und geistig nicht

Wenn man als Paar sexuell gut harmoniert und zusammen die Freuden der Liebe und der Wollust auskosten kann, ist das ein Geschenk des Himmels. Man sollte sich dann immer wieder vor Augen führen, welch großes Glück einem hier zuteilgeworden ist, und darf dies keineswegs als Selbstverständlichkeit betrachten; denn laut Statistik verstehen sich von zehn Paaren nur zwei auf der körperlichen Ebene gut bis sehr gut, fünf durchschnittlich und bei drei Paaren besteht praktisch keine sexuelle Übereinstimmung.

Die Crux ist jedoch, dass das gegenseitige erotische Verlangen gewöhnlich im Laufe der Zeit nachlässt, wenn seelisch und geistig zu wenig Substanz oder nicht genug Übereinstimmung vorhanden ist. Auf jeden Fall sollte man aber eine Beziehung, bei der die sexuellen Programme kompatibel sind, so lange wie möglich beibehalten. Um dem sexuellen Glück längeren Bestand zu geben, wäre es am besten, wenn die beiden Partner ihren Kontakt primär auf die körperliche Ebene beschränken würden; denn der Eros lebt von einem gesunden Wechsel zwischen Nähe und Distanz. Um noch konkreter zu werden: Wenn es in seelischer und geistiger Hinsicht so gut wie keine Berührungspunkte gibt, neigen Männer dazu, die Intimkontakte auf etwa zweimal wöchentlich zu beschränken und darüber hinaus allenfalls telefonisch in Verbindung zu bleiben. Doch in diesem Punkt unterscheiden sich die Geschlechter im Allgemeinen. Während der Mann einen solchen Modus gerne über viele Jahre hinweg erhalten möchte, hat eine Frau gewöhnlich weniger Interesse daran. Wenn sie in einer Beziehung keine Zukunftsperspektiven sieht, tendiert sie nach einiger Zeit dazu, diese zu beenden, und sucht dann lieber nach einem Mann, mit dem mehr möglich ist.

2. Man versteht sich mit dem Partner auf der seelischen Ebene hervorragend, aber körperlich und geistig nicht

Nicht minder wichtig ist das seelische Glück. Es wird auf einer ganz anderen Ebene erfahren. Seelisch mit seinem Partner übereinzustimmen, ihn in seiner Wesensart bzw. seiner seelischen Eigenart voll und ganz annehmen zu können, ist ein wunderbares Gefühl. Seelische Harmonie bedeutet, seelische Wärme und Geborgenheit zu schenken und zu empfangen. Wenn man sich umarmt, löst dies ein unbeschreibliches Glücksgefühl aus – man badet quasi in der »Aura« des anderen, taucht ein in die Welt der seelischen Liebe, der Ruhe und Zufriedenheit. Man lädt sich gegenseitig seelisch auf und kann dann mit diesem geladenen »Akku« gestärkt wieder in der äußeren Welt agieren.

Neben dieser wesensmäßigen und »auramäßigen« Übereinstimmung gibt es innerhalb der seelischen Welt aber auch noch eine Übereinstimmung im Schenken und Empfangen von Zärtlichkeit. Dabei kommt es darauf an, ob die Art, wie man Zärtlichkeit gibt und empfängt, mit der des Partners harmoniert. Entscheidend ist dabei, wer primär die Rolle des Spenders und wer die des Empfängers übernimmt. Zwei Menschen mit derselben Rolle – also zwei Spender oder zwei Empfänger – passen schlecht zusammen. Sehr häufig übernimmt die Frau auf diesem Gebiet die Rolle, Zärtlichkeit zu spenden, weil diese ihrer natürlichen mütterlichen Anlage entspricht. Manch eine Frau hat diese Anlage so ausgebaut und vervollkommnet, dass manche Männer von dieser »queen of tenderness« abhängig und geradezu süchtig nach ihrer Zärtlichkeit werden.

Dennoch ist eine Partnerbeziehung, die auf diese Ebene beschränkt ist, stets aufs Äußerste gefährdet; denn sobald ein Mann mit einem starken Trieb auf eine Frau trifft, mit der er leidenschaftliche Nächte erleben kann, ist er kaum noch zu halten. Und wenn geistig keine Basis vorhanden ist, wird das Kuscheln, Streicheln und Liebkosen zu guter Letzt auch langweilig. Man möchte sich ja auch mal geistig austauschen, möchte eine fruchtbare Kommunikation miteinander haben.

Trotz all dieser Einschränkungen gilt jedoch eines: Da die seelische Energie gleichmäßiger und ruhiger verläuft, im

Unterschied zur Erregungskurve der Sexualität mit ihren Höhen und Tiefen, hält sie meist länger.

Dazu kommt: Sie führt zu einem Glück, das zu jeder Tages- und Nachtzeit und an jedem Ort abrufbar und beliebig oft wiederholbar ist. Und: Sie sollte viel mehr genutzt werden, weil dadurch unguten Gefühlen wie Aggression, Hass, Wut, Neid und Stress wirksam vorgebeugt werden kann.

3. Man versteht sich mit dem Partner geistig, aber körperlich und seelisch nicht

Dies ist eine ganz schwierige Konstellation. Man ist ganz begeistert, dass man endlich auf dieser großen, weiten Welt einen Menschen gefunden hat, der geistig mit einem übereinstimmt – endlich jemanden, der genauso denkt wie man selber, der dieselben Ansichten zum Ausdruck bringt bzw. der keine Meinungen vertritt, die bei einem ein Frösteln auslösen.

Man kann sich wunderbar gegenseitig bestätigen und aufbauen. Zusätzlich ist es möglich, sich von allen, die andere Meinungen oder Weltanschauungen haben, also von den »Dummen«, »Uninformierten« oder »Unentwickelten«, abzugrenzen und sich an diesen zu stabilisieren.

Der oft rauschhafte Zustand der geistigen Übereinstimmung kann jedoch nicht auf Dauer darüber hinwegtäuschen, dass in der Beziehung etwas fehlt, z. B. Sex, seelische Wärme oder Geborgenheit. Deshalb ist diese Konstellation eigentlich mehr für Freundschaften geeignet und nicht so sehr für Paarbeziehungen.

4. Man harmoniert mit dem Partner körperlich und seelisch, aber geistig nicht

Wer bereits eine solche Situation vorfindet, der würde am liebsten die ganze Welt umarmen. Einen Partner gefunden zu haben, mit dem es sexuell klappt und bei dem man zugleich auch noch seelische Liebe und Wärme empfindet, ist mehr wert als ein Sechser im Lotto. Wem so etwas widerfährt, der geht selbstbewusst, souverän und energetisch aufgeladen durch die Straßen. Er ist derart von seinem Glück beseelt, dass ihn nichts so leicht aus der Ruhe bringen kann. Dass geistig mit dem Partner nur wenig Berührungspunkte bestehen, stört ihn anfangs gewöhnlich wenig, da er hierfür meist ohne große Schwierigkeiten auf andere Menschen zurückgreifen kann. Wenn sein Bedürfnis in diesem Bereich dann abgedeckt ist, kehrt er wieder zu seinem Partner zurück und macht es sich bei ihm gemütlich. Das kann jahrelang gut gehen, aber es besteht die Gefahr, dass irgendwann die geistige Inkongruenz zu schmerzen beginnt, zumal unterschiedliche Anschauungen immer wieder auch im täglichen Zusammenleben Schwierigkeiten verursachen können.

5. Man versteht sich mit dem Partner seelisch und geistig, aber körperlich nicht

Das ist eine ganz verflixte Konstellation. Man fühlt und denkt ähnlich und glaubt daher, füreinander geschaffen zu sein, und dann klappt ausgerechnet die Sexualität nicht.

Viele Paare, die sich mit dieser Situation auseinandersetzen müssen, sind zu Beginn ihrer Beziehung noch felsenfest davon überzeugt, dass sich dieses Problem im Laufe der Zeit von selbst auflösen würde oder sich schon irgendwie regeln ließe. Doch nur bei wenigen Paaren sind entsprechende Bemühungen von Erfolg gekrönt. Warum ist das so?

Hier die Gründe:

1. Körperliche Anziehung kann nicht bewusst gesteuert werden. Entweder die Anziehung ist da oder nicht.
2. Sexuelle Verhaltensweisen und Vorlieben entstehen aufgrund von Prägungen in der Kindheit und können nicht ohne weiteres verändert oder gar gelöscht werden.
3. Meist besteht bei einem, manchmal auch bei beiden Partnern eine Abwehrhaltung, etwas auf diesem Gebiet dazuzulernen. Man zieht einfach sein sexuelles Programm durch, ohne sich auf seinen Partner einzustellen und sich dessen bewusst zu sein, dass die Sexualität, die man mit der Person A hatte, nicht auf die Person B oder C übertragbar ist. Insofern fühlt man sich – wenn man sein Programm verändern soll – schnell unter Druck gesetzt oder in seinem Eigenwert angegriffen. Viel lieber würde jeder hören, wie gut er doch im Bett wäre und dass man noch nie in seinem Leben eine solche »Granate« kennen gelernt hätte.

6. Man harmoniert mit dem Partner körperlich und geistig, aber seelisch nicht

Ein Glückspilz, der dies von seiner Partnerschaft sagen kann. Wenn es im Bett stimmt und man sich mit seinem Partner zusätzlich auch noch gut unterhalten kann, was will man dann noch mehr?

Der Austausch körperlicher und geistiger Energien stärkt den Einzelnen so sehr, dass er die Probleme des Alltags meist mit links meistert. Bei dieser Konstellation bildet man mit dem Partner eine starke Formation. Man ist nicht mehr so leicht zu erschüttern. Wenn die beiden Besuch empfangen oder auf sonstige Weise mit anderen Menschen zusammenkommen, ziehen sie am selben Strang. Dadurch haben sie alle Trumpfkarten in der Hand, um ihre gemeinsame Meinung eindrucksvoll ins Feld zu führen. Und selbst wenn ihnen das nicht immer gelingen sollte, weil sich vielleicht ein Powermann oder eine Powerfrau besonders in Szene setzt, werden sie, sobald sie dann wieder allein zu Hause sind, sich gegenseitig bestätigen und Kraft spenden.

Dennoch bleibt ein »Haar in der Suppe«: Man hat das Gefühl, seelisch seine Heimat noch nicht gefunden zu haben, noch nicht ganz angekommen zu sein. Man empfindet keine Geborgenheit, es fehlt einem seelische Wärme.

Aus diesem Grund besteht immer die »Gefahr«, dass man weitersucht, und zwar nach dem, was man bisher noch nicht erfahren hat. Bei dieser Konstellation kann es sein, dass man den Fokus zu sehr auf das richtet, was einem fehlt, und dabei vergisst, was man an seinem Partner hat.

7. Man versteht sich mit dem Partner körperlich, seelisch und geistig nur durchschnittlich, man erlebt mit ihm keinerlei Highlights

Diese Konstellation baut den Einzelnen weder auf, noch wird er durch sie geschwächt. Die Partnerschaft »plätschert« in diesem Fall so vor sich hin – ohne besondere Vorkommnisse.

Klar, man hätte es auch schlechter treffen können, aber so richtig zufrieden ist man auch nicht. Die Partnerschaft ist jedoch sofort gefährdet, wenn bei einem der beiden ein neuer potentieller Partner auftaucht, mit dem körperlich, seelisch oder geistig mehr Glück erlebt werden kann. Manche sind dann für den neuen Partner sofort Feuer und Flamme, ohne zu bedenken, dass – um mit Noten zu sprechen – einmal eine Eins und zweimal eine Sechs einen schlechteren Durchschnittswert ergibt als dreimal eine Drei.

8. Man versteht sich mit dem Partner körperlich, seelisch und geistig blendend und führt eine abwechslungsreiche, glückliche Partnerschaft

Das ist die Traumkonstellation für alle Paare schlechthin. Viele unserer Seminarteilnehmer sind zu Beginn der Kurse zum »Beziehungs-Führerschein« felsenfest davon überzeugt, dass es auf dieser Welt kein Paar gibt, das diese Konstellation erreicht hat. Sie sehen es als Utopie an, sich mit einem Partner körperlich, seelisch und geistig so austauschen zu können, dass man sich ständig gegenseitig berei-chert. Sie sagen: »Es wäre zu schön, um wahr zu sein!«

Wer jedoch geistig aufgeschlossen bleibt, Anlagen und Fähigkeiten ausbildet und mit den Gesetzen des Lebens in Einklang lebt, kann diesen Traum durchaus Wirklichkeit werden lassen. Aufgrund des Gesetzes der Affinität zieht er dann früher oder später einen Partner an, mit dem er all die sexuellen, seelischen und geistigen Freuden erleben kann, die sich jeder im Grunde seines Herzens so sehr wünscht.

»Jemanden lieben heißt, als Einziger
ein für die anderen unsichtbares Wunder zu sehen.«
(François Mauriac)

Wodurch Liebe entsteht

Der Neurologe Paul MacLean gliedert das Gehirn in drei Hauptteile.

Das **Reptiliengehirn** steuert instinktive Verhaltensweisen wie Aggression, Revierverhalten und Errichtung sozialer Hierarchien. Wir gebrauchen diesen Teil des Gehirns, wenn wir bei der Werbung »instinktiv« herumstolzieren, balzen und flirten.

Über dem Reptiliengehirn und darum herum befindet sich in der Schädelmitte eine zusammenfassend als **limbisches System** bezeichnete Strukturengruppe. Diese Strukturen steuern die Grundempfindungen – Angst, Wut, Freude, Trauer, Ekel, Liebe und Hass. Fühlt man sich überglücklich oder wie gelähmt vor Angst, wütend, angewidert oder verzagt, gehen von bestimmten Teilen des limbischen Systems elektrische und chemische Störungen aus. Auch der Sturm der Verliebtheit hat hier seinen körperlichen Ursprung.

Über dem limbischen System befindet sich direkt unter der Schädeldecke die **Hirnrinde,** eine graue, vielfältig gewundene Rinde aus schwammiger Substanz. Sie ist für die Grundfunktionen wie Sehen, Hören, Sprechen sowie für mathematische und musikalische Fähigkeiten zuständig.

Außerdem, und darin liegt seine wichtigste Funktion, integriert der Kortex Gefühle und Gedanken. Es ist dieser Teil des Gehirns, der an »ihn« oder »sie« denkt. In den drei Hauptbereichen des Gehirns und als verbindendes Element zwischen ihnen befinden sich mindestens hundert Milliarden Nervenzellen oder Neuronen. Reize durchqueren ein Neuron und springen über eine Lücke, die Synapse, auf die nächste Nervenzelle über. So »hüpfen« sie auf den Leitungsbahnen des Nervensystems vorwärts.

Das am Ende mancher Nervenzelle eingelagerte PEA (Phenylethylamin) lässt den Reiz von einem Neuron zum nächsten überspringen. Außerdem ist PEA ein natürliches Amphetamin; es bringt das Gehirn auf Touren. Nach Michael Liebowitz, Psychiater am New York State Psychiatric Institute, empfinden wir Verliebtheit, wenn Neuronen im limbischen System, unserem emotionalen Kern, durch PEA und andere hochwirksame Substanzen gesättigt oder angeregt sind und das Gehirn stimulieren. Man könnte es aber auch so ausdrücken: In einem sich selbst verstärkenden Neuronenkreislauf, der verschiedene Hirnareale durchläuft, werden die über Augen, Ohren, Zunge und Haut eintreffenden Sinnesinformationen emotional eingefärbt. Vor allem der Hypothalamus spielt hier als oberste Hormonschaltzentrale des Gehirns eine wichtige Rolle.

Der Hypothalamus bedient sich auch der Hypophyse (Hirnanhangdrüse). Dieses kirschkerngroße Organ schüttet Botenstoffe und Hormone in den Blutkreislauf aus, die wiederum z. B. die Nebennieren, Hoden und Eierstöcke veranlassen, andere Hormone zu produzieren. Über die Kaskade Hypothalamus, Hypophyse und Hormondrüsen werden so

Sinneseindrücke, Emotionen und Gedanken in hormonelle Signale übersetzt.

Adrenalin, das Hormon aus der Nebenniere, gibt den ersten »Kick« im dynamischen Prozess des Verliebtseins. Innerhalb von Millisekunden ins Blut ausgeschüttet, sorgt es dafür, dass Herz und Hirn besser durchblutet werden. Das Herz schlägt rascher, der Blutdruck steigt. Die Verliebten werden aufnahmefähiger und reaktionsschneller.

Ähnlich den beschriebenen Botenstoffen moduliert auch der Neurotransmitter Serotonin unser Gefühlsleben: Zu wenig Serotonin führt zu aggressivem Verhalten oder Depressionen. Ausreichend Serotonin macht uns ausgeglichen, aktiv und selbstbewusst; wir schweben wie auf einer rosaroten Wolke im Himmel der Verliebten.

Zu den »Liebesmolekülen« gehören natürlich auch die Sexualhormone. Sie sind nicht so sehr für den Sex an sich zuständig, sondern für die Lust, das Begehren und den Drang zur Partnersuche. Jedes Geschlecht produziert sowohl männliche als auch weibliche Sexualhormone, jedoch in unterschiedlicher Menge. Ihre Abgabe in die Blutbahn wird bei Mann und Frau über Befehle aus dem Hypothalamus gesteuert.

So weit zum Phänomen der Liebe aus anatomischer und physiologischer Sicht. Doch all die Neuronen, Botenstoffe und Hormone sind nicht die Ursache dafür, dass wir in eine bestimmte Person verliebt sind, sondern die **Wirkung,** die **Reaktion** auf meist unbewusste psychische Prozesse. Eine Person sucht sich einen Partner, der ihrem inneren Bild vom Mann bzw. von einer Frau entspricht. Dieses Bild entsteht – wie bereits an anderer Stelle erläutert – aufgrund ihres Vater- oder Mutterbildes, des Gegenbildes dazu bzw. aufgrund der Komplementärbilder, die aus den Defiziten in ihrem Persönlichkeitssystem resultieren.

Daraus folgt:

1. Liebe entsteht aufgrund von Ähnlichkeit

Man fühlt sich dem Partner deshalb verbunden, weil er einem so ähnlich ist. Man liebt gleichsam sich selbst im anderen. Man hat das Gefühl, der andere ist auch so ein netter, liebenswerter Mensch, wie man glaubt, selbst zu sein. Was aber hat dies mit der Aussage zu tun, dass man immer den Vater bzw. die Mutter oder deren Gegenbilder sucht?

Da Vater und Mutter in der eigenen Psyche wohnen, ist der andere einem Teil der eigenen Persönlichkeit sehr ähnlich. Man liebt in diesem Fall den Partner, der den Teil von Vater und Mutter im Außen verkörpert, mit dem eine positive Identifikation besteht bzw. der einem sympathisch ist.

Ist der Partner einem im Aussehen, Fühlen, Denken oder Verhalten ähnlich, entsteht ein angenehmes Gefühl. Man erhält durch den anderen eine Bestätigung und Verstärkung seines Soseins. Man hat das Gefühl, dass man richtigliegt, rundum o. k. ist. Auf diese Weise wird die Partnerschaft stabilisiert, man fühlt sich als Paar und empfindet das wohlige, angenehme, Geborgenheit vermittelnde Gefühl der Zugehörigkeit und Vertrautheit. Die Liebe zu einem Partner, der mit einem seelisch verwandt ist (Gesetz der Affinität), der einem ähnlich ist – auch ähnliche Vorurteile haben eine stärkende Wirkung –, ist gleich bleibend, kontinuierlich, dauerhaft. Es sind keine extremen Höhen und Tiefen zu verzeichnen, man ist keinem besonderen Stress ausgesetzt, man stellt eine starke Formation dar und kann Schwierigkeiten und Probleme, die von außen kommen, leichter meistern.

Eine Beziehung, die auf dem Prinzip der Ähnlichkeit basiert, hat gewöhnlich längeren Bestand als eine Beziehung, die auf dem Prinzip des Ausgleichs beruht.

Jedoch nicht nur die Beziehung als solche hält länger, auch die sich in dieser Beziehung Befindlichen erreichen normalerweise ein höheres Lebensalter und haben auch meist weniger Krankheiten und Unfälle, da ihr Zusammenleben mit weniger Ärger und Stress verbunden ist.

2. Liebe entsteht aufgrund von Ausgleich

Wir sprachen von den Defiziten im eigenen Persönlichkeitssystem und den daraus resultierenden Komplementärbildern, die die Partnerwahl beeinflussen.

Defizite im eigenen Persönlichkeitssystem entstehen meist durch Elternhaus und Schule. Wenn die eigene Mutter sich in Problemsituationen schweigend und schmollend zurückzieht und der Vater, anstatt sich auseinanderzusetzen, Zuflucht zum Alkohol nimmt, haben deren Kinder wenig Möglichkeiten, kommunikationsfähig zu werden oder gar zu lernen, wie man konstruktiv Probleme löst.

Wenn einem als Kind alles abgenommen wurde und einem immer wieder versichert wurde: »Das kannst du nicht! Lass Mutter nur machen!«, kann die daraus entstandene Handlungsblockade auch später das eigene Leben und Schicksal belasten; denn aufgrund der eigenen Unselbstständigkeit und des mangelnden Handlungsvermögens wird die berufliche Karriere erschwert und eine ungünstige Partnerwahl vorprogrammiert.

Ähnlich werden auch andere Defizite begründet. Man kann ein Defizit haben in der Durchsetzung, in Bezug auf Initiative und Wagemut, Abgrenzung, Geborgenheit, Kreativität, Kritikfähigkeit, in der Entwicklung von Vorstellungen, in Bezug auf Toleranz, Freiheit und Unabhängigkeit usw. Insofern wird auch klar, dass in jeder Familie andere Defizite »erzeugt« werden. Zusätzlich sorgt auch unser Schulsystem dafür, dass vorwiegend mathematische und sprachliche Fähigkeiten gefördert werden und fast alle anderen Fähigkeiten nur wenig oder gar nicht aktualisiert werden. Doch jedes Defizit, das in unserem Persönlichkeitssystem besteht, möchte ausgeglichen werden und lässt vor dem geistigen Auge ein sogenanntes Komplementärbild entstehen.

Ähnlich wie im Geiste bei einem Defizit im Wasserhaushalt des Körpers das Bild einer Quelle oder eines Wirtshauses auftaucht, so entstehen auch bei anderen Defiziten Ausgleichs- oder Ergänzungsbilder.

Diese Tatsache hat in Bezug auf die Partnerwahl eine entscheidende Bedeutung, weil das Vater- bzw. Mutterbild oder auch das Gegenbild zum Vater- bzw. Mutterbild – falls man mit dem betreffenden Elternteil nicht einverstanden war – sowie die entsprechenden Komplementärbilder summa summarum das unbewusste Partnersuchbild ausmachen.

Wir können deshalb konstatieren:

Liebe zu einem Partner entwickelt sich, wenn dieser einen

a) positiv ausgleicht,

b) negativ ausgleicht oder

c) symbolisch ausgleicht.

a) Positiver Ausgleich

Die Natur des Unbewussten hat immer die Tendenz, einen Ausgleich zu schaffen. Es fragt sich nur, auf welche Weise dieser Ausgleich geschieht. Man kann negativ und positiv ausgeglichen werden.

Ein positiver Ausgleich liegt etwa vor, wenn man selbst arm ist und einen reichen Partner heiratet. Dieser kann die Armut des Betreffenden z. B. dadurch kompensieren, dass er dessen Schulden begleicht, ihn beschenkt, ihm eine Ausbildung zahlt, ihm wieder auf die Sprünge hilft.

Oder: Man ist selbst in praktischer und technischer Hinsicht unbeholfen, und der Partner kompensiert dieses Defizit durch seine praktische und technische Begabung. In solchen Fällen ist ein Ausgleich angenehm, die Lebensqualität wird gesteigert.

b) Negativer Ausgleich

Es besteht aber auch die Möglichkeit, dass jemand negativ ausgeglichen wird. So ein negativer Ausgleich kann eine Krankheit (Krankheit als Kompensationsversuch der Natur, um das Gleichgewicht, die Mitte, wiederherzustellen) sein oder via Schicksal erfolgen, etwa wenn eine »brave« Frau, die ein Defizit an Durchsetzung aufweist, durch einen Aggressor »ausgeglichen« wird oder ein Mann, der Probleme damit hat, sich gegenüber anderen Menschen abzugrenzen, eine Revierverletzerin als Partnerin anzieht.

Das Erstaunliche ist, dass man jemanden, der einen negativ ausgleicht, nicht selten mehr liebt als einen, der eine positive Kompensation für einen leistet. So wie ein Hund, der oft geprügelt wird, seinem Herrn alias Rudelführer besonders gut gehorcht, ihn achtet und »liebt«, so »liebt« auch manch einer, der negativ ausgeglichen wird, seinen Peiniger und Unterdrücker oft über alle Maßen. Es ist dabei für das ganze Umfeld kaum nachvollziehbar, wieso jemand bei seinem Partner bleiben will, von dem er getreten und geschlagen wird, von dem er verletzt, verlacht, verspottet, unter Druck gesetzt und gedemütigt wird.

Manche Frauen, denen so etwas passiert, suchen in solchen Fällen – wenn sie keinen anderen Ausweg mehr wissen und der Leidensdruck zu groß geworden ist – Schutz in Frauenhäusern.

Doch solange die Betreffende ihre Defizite nicht durch Ausbildung von Anlagen aufgefüllt hat, wird ihr mit an Sicherheit grenzender Wahrscheinlichkeit bei dem nächsten Mann, den sie wählt, wieder das Gleiche oder Ähnliches passieren. Ja, mehr noch! Sie wird quasi instinktiv jedem Mann, der gut zu ihr wäre, einen Korb geben. Einen solchen Mann kann sie nicht lieben. Aber einen, der sie negativ ausgleicht, den liebt sie oft voller Inbrunst und Leidenschaft. Und nicht selten kehrt sie sogar zu dem Mann zurück, vor dem sie ins Frauenhaus geflüchtet ist. Sie kommt einfach nicht von ihm los. Sie braucht ihn dringend, denn nur er oder jemand wie er kann ihr – wenn auch in pervertierter, krankhafter Form – den ersehnten Ausgleich bringen.

Die Liebe zum Ausgleichspartner, der den Gegenpol zu einem selbst repräsentiert, ist meist intensiver, verzehrender, leidenschaftlicher. Man ist einmal himmelhochjauchzend und ein andermal zu Tode betrübt. Man hat das Gefühl, nicht ganz bei Sinnen, irgendwie verrückt zu sein, weil man einen solchen Typen liebt, aber man kann nicht anders. Man weiß gar nicht, wie einem geschieht. Der Partner ist einem so fremd – man hat das Gefühl, eigentlich gar nichts mit ihm zu tun zu haben –, und dann ist er einem durch die Liebe doch so nah! Man ist wie im Delirium und fühlt sich magisch von ihm angezogen. Tag und Nacht muss man an ihn denken, obwohl der Zauber der euphorischen Phase längst vorbei ist. Ständig erzählt man auch den eigenen Eltern oder Freunden von den Schwierigkeiten. Doch da man immer wieder davon anfängt, winken die irgendwann ab und sagen: »Trenn dich doch endlich von ihm!« Doch man schafft es einfach nicht! Denn: Mit dem Partner zu leben ist die Hölle, aber ohne ihn leidet man noch mehr.

Es ist für die Betreffenden unbegreiflich, dass ein solch negatives Schicksal ein Ausgleich sein soll und dass die Ursache für die Anziehung von solchem Schicksal in ihnen selbst liegt. Ja, mehr noch! Aufgrund ihrer schlechten Erfahrungen verweigern sie sich oft Partnern, die einen negativen Ausgleich für sie einbringen. Sie sagen: »Ich will nie mehr einen Trinker (oder: Choleriker, Sauberkeitsfanatiker, Chaoten, Maßregler, Angeber …) haben!« Und schon beim nächsten Rendezvous achten sie auf entsprechende Anzeichen, um von vornherein ausschließen zu können, in eine Form der Beziehung zu schlittern, die mit so viel Leiden verbunden war. Doch das Unbewusste sagt hier: »Du hast die Wahl: Entweder du nimmst den Partner mit dieser Problematik oder du musst allein bleiben.«

Viele entscheiden sich in dieser Situation für ein Single-

Dasein, was für die eigene Entwicklung jedoch sehr ungünstig ist, weil man dann bestimmte notwendige Lernschritte nicht vollziehen kann.

Es geht hier darum, das eigene zugrunde liegende Defizit und das dazu passende pervertierte Verhalten des Partners zu erkennen. Dann gilt es, das Defizit aufzufüllen, d. h., die Anlage nachreifen zu lassen, und erst dann wieder auf Partnersuche zu gehen. Sobald man keinen Partner mehr anzieht, der die altbekannte Problematik liefert, weiß man, dass man seine Lektion tatsächlich gelernt hat. Man befindet sich dann auf einer neuen Frequenz, sodass völlig andere Partnertypen auf einmal Interesse an einem zeigen.

c) Symbolischer Ausgleich

Man kann aber auch ganz versessen auf einen Partner sein, der die eigenen Defizite **symbolisch** ausgleicht. Hierbei muss unterschieden werden zwischen einem symbolischen Ausgleich für den Mann und einem für die Frau.

Ausgeprägte körperliche Attribute der Frau als symbolische Darstellung dessen, was dem Mann fehlt

Unabhängig von Alter und Nationalität schätzen die meisten Männer Frauen mit schmalen Taillen, runden Hüften und mittelgroßen Brüsten – Frauen mit »Sanduhrfigur«, die ein Durchschnittsgewicht aufweisen. Vor der Pubertät haben Mädchen kaum Taille. Wird das Mädchen aber zur

Frau, nimmt es erheblich an Fettgewebe zu. An den Brüsten werden auf diese Weise die Milchdrüsen geschützt, an Po und Hüften Notreserven angelegt, falls die Schwangerschaft in magere Zeiten fällt. Biologisch gesehen sind demnach weibliche Kurven deshalb so verführerisch, weil sie Fruchtbarkeit versprechen. Aus diesem Grund halten Männer ständig Ausschau nach sichtbaren Signalen weiblicher Fruchtbarkeit.

Diese biologische Interpretation trifft sicher für die meisten Männer mehr oder weniger zu. Darüber hinaus muss jedoch untersucht werden, warum manche Männer in ihrem Begehren auf ganz bestimmte körperliche Attribute der Frau »spezialisiert« sind. Es gibt z. B. Liebhaber besonders großer Brüste oder Männer, die auf den weiblichen Po fixiert sind. In Extremfällen können solche Merkmale sogar eine Conditio sine qua non bei der Partnerwahl sein.

Kann die Psychologie Aufschluss darüber geben, woher solche Vorlieben kommen? Betrachten wir einmal die Symbolik der weiblichen Brust. Der Busen einer Frau steht symbolisch für Wärme, Aufgehobensein, Geborgenheit, Heimat, aber auch für Nahrung. Die Vermutung liegt nahe, dass einem Mann, der auf große weibliche Brüste fixiert ist und der »Schwindelgefühle« bekommt, wenn eine Frau mit diesem für ihn so bedeutsamen Merkmal auftaucht, in der Kindheit etwas gefehlt haben muss. Es kann sein, dass er als Baby zu früh abgestillt worden ist oder dass es ihm in der Kindheit an Wärme und Geborgenheit gefehlt hat.

Aufgrund solcher Mangelerscheinungen sucht er später eine Frau, von der sein Unbewusstes glaubt, dass sie ihn ausgleichen könne. Dies dürfte auch erklären, warum für so viele US-Amerikaner die weibliche Brust eine derart eminente Bedeutung hat. Es kommt sicher nicht von ungefähr, dass die ersten Brustimplantate in den USA entwickelt wurden. Zum einen ist dort früher als in anderen Ländern Flaschenmilch für Babys eingeführt worden, und zum anderen ist in diesem klassischen Einwanderungsland eine unterschwellig empfundene Heimatlosigkeit weit verbreitet.

Hinzu kommt, dass in den USA das Verwurzeltsein mit Haus und Hof weniger ausgeprägt ist als bei uns. Man kauft dort meist ein Haus »von der Stange« und verkauft es wieder ohne besonderen seelischen Schmerz und ohne Wehmut, wenn man sich woanders niederlassen will. Eine ähnliche innere Heimatlosigkeit findet sich auch bei den »Brummifahrern«, von denen bekannt ist, dass sie überdurchschnittlich oft auf Superbusen »abfahren«.

Ein Fall aus der Praxis: Albert ist das siebte Kind einer Bauernfamilie. Kurze Zeit nach seiner Geburt starb seine Mutter. Dadurch entstand ein ziemliches Chaos in seiner Herkunftsfamilie. Die nächsten Jahre wurde er mehr oder weniger von seiner zehn Jahre älteren Schwester aufgezogen, die jedoch – da sie selbst noch ein Kind war – mit dieser Mutterrolle völlig überfordert war. Aufgrund all dieser Umstände war es deshalb nicht verwunderlich, dass Albert – als er auf »Brautschau« ging – sich besonders von Frauen angezogen fühlte, die – wie er sich auszudrücken pflegte – »viel Holz vor der Hüttn« hatten. Eines Tages lernte er durch »Zufall« eine junge Urlauberin namens Heike kennen, die das gesuchte Attribut in üppigster Ausführung anbieten konnte. Schon bald wurden sie ein Paar. Vom ersten Tag an war Albert Heike regelrecht hörig. Obwohl für Außenstehende offensichtlich war, dass die beiden nicht zusammenpassten, tat Albert alles, um dieser Frau zu gefallen. Heike liebte es, Städtereisen zu machen und dabei besonders Kirchen und Kunstausstellungen zu besuchen. Obwohl Albert nicht das geringste Interesse daran hatte, fuhr er überall mit, tat so, als ob auch ihm das alles Spaß machen würde, nur um in der Nähe dieses tollen Busens zu sein. Heike merkte ziemlich schnell, dass Albert ihr hörig war und sie bis zur Selbstaufgabe »liebte«, und so begann sie, ihn mehr und mehr zu gängeln. Albert ließ sich alles gefallen, ertrug ihre Launen ohne zu klagen und funktionierte immer mehr in ihrem Sinne. Als Heike eines Tages einen anderen Mann kennen und lieben lernte und deshalb mit Albert Schluss machte, glaubte Albert, sterben zu müssen. Er zeigte alle Anzeichen, die für eine solche Dekompensation typisch sind – er fiel in ein tiefes Loch, litt monatelang unter Depressionen und hatte immer wieder Suizidgedanken. Erst als er die vollbusige Johanna auf einem Volksfest kennen lernte, ging es mit ihm wieder aufwärts.

Warum ist für manche Männer der Po einer Frau so wichtig? Der Po, auch Sitzfleisch oder Allerwertester genannt, steht symbolisch für Platznehmen, Sichniederlassen, Festsitzen, Sicherheit, Etabliertsein, das Gefühl, etwas wert zu sein. Gerade in dieser Hinsicht stand es vermutlich in der Kindheit eines Po-Liebhabers nicht zum Besten. Entweder tat er sich schwer, seinen Platz in der Familie zu finden, oder man hat ihn ständig entwertet, vielleicht ist er auch in einer Phase aufgewachsen, in der seine Eltern noch keine materielle bzw. finanzielle Sicherheit erlangt hatten, also noch nicht richtig etabliert waren.

Insofern ist klar, dass der Po einer Frau zum Ziel seines Begehrens wurde, vermag dieser doch seinen frühkindlichen Mangel in symbolischer Form zu beheben.

Frauen sollten sich dessen bewusst sein, dass sie als »Nicht-ganz-Perfekte« nicht selten mehr Chancen beim anderen Geschlecht haben, als wenn sie Traummaße aufweisen würden. Oft legen sie in Bezug auf ihre Figur einen viel zu strengen Bewertungsmaßstab an, der häufig von der jeweiligen Mode- oder Zeitströmung abhängt. Für viele Männer hingegen ist eine Frau mit einer perfekten Figur oft zu steril. Deshalb sollte sich eine Frau gut überlegen, ob es für sie Sinn macht, sich einer Schönheitsoperation zu unterziehen. Es kann nämlich vorkommen, dass sie danach zwar von ihren Geschlechtsgenossinnen positives Feedback erhält, dafür aber bei Männern weniger gut ankommt.

So wie jemand nur durch einen positiven oder negativen Ausgleich sich ganz und vollständig fühlen kann, so kann ein auf den weiblichen Busen Fixierter oder ein Po-Liebhaber nur durch einen ganz bestimmten symbolischen Ausgleich zu einer Ganzheit werden. Ohne ein solches Attribut fühlt er sich unvollständig, eben defizitär.

Und noch etwas: Ausschlaggebend für die Vorliebe eines Merkmals ist so gut wie immer die frühkindliche Prägung. Selbst wenn der Mann heute seine Geborgenheit und Heimat gefunden bzw. einen gesunden Eigenwert entwickelt und seinen Platz in der sozialen Hierarchie gefunden hat, bleibt die jeweilige Fixierung bestehen, weil hier nicht so sehr der Status quo entscheidend ist, sondern die Situation, in der er sich als Kind befand.

Materielle Attribute des Mannes als symbolische Darstellung dessen, was der Frau fehlt

All das, was wir über die Fixierung der Männer gesagt haben, gilt entsprechend für Frauen, nur mit dem Unterschied, dass hier der Fokus nicht primär auf den Körper oder auf körperliche Eigenschaften gelegt wird, sondern auf materielle Attribute bzw. auf Status. Das erscheint vielen edler und anständiger, weil die sexuelle Komponente fehlt. Man könnte sagen: Was für den Mann der Busen des Weibes, ist für die Frau das Haus oder die schöne Wohnung des Mannes, in dem bzw. in der sie Geborgenheit und Heimeligkeit erleben kann. Und was für den Mann der weibliche Po, ist für die Frau Status und Prestige des Mannes. Bei Frauen kann es also zu ebenso starken Fixierungen kommen wie bei Männern. Ein bestimmtes Merkmal des Mannes ist dann von so ausschlaggebender Bedeutung, dass dessen andere Eigenschaften und Eigenarten völlig in den Hintergrund treten.

Ein Fall aus der Praxis: Evelyne (32, Fremdsprachenkorrespondentin) hatte es schwer, sich gegenüber ihren Geschwistern durchzusetzen. Sie hatte immer das Gefühl, nicht dazuzugehören und in ihrer Familie eigentlich gar keinen Platz zu haben, was auch daran lag, dass ihre Eltern sie ständig heruntermachten und im Eigenwert schmälerten. Als sie im Alter von 27 Jahren ein Date mit Stephan hatte, war sie tief beeindruckt von seinem Doktortitel, von seinem edlen Designer-Anzug, seiner dunkelblauen Luxus-Limousine und seinen guten Manieren. Evelyne, ansonsten sehr abwartend und zurückhaltend, schlief mit Stephan bereits am ersten Abend. Dass dabei nicht alles so richtig klappte, führte sie auf ihre Aufregung zurück und darauf, dass es das erste Mal war. Überall erzählte sie daraufhin voller Freude, jetzt endlich einen Mann von Niveau kennen gelernt zu haben, einen, bei dem der Funke sofort übergesprungen ist und den sie inniglich liebte. Was auch immer Stephan dachte und sagte, wie er sich verhielt und was er tat, war für Evelyne bewundernswert, es kam ihr vor, als käme er aus einer anderen Welt. Dass sie weder körperlich – sie erlebte auch in den weiteren gemeinsamen Nächten keine Erfüllung – noch seelisch und auch nicht geistig irgendwelche Übereinstimmungen hatten, schien sie aufgrund ihrer Bedürftigkeit und ihres Ausgehungertseins nach Anerkennung, Status und Prestige nicht zu bemerken. Trotz all dieser Inkongruenzen heirateten Evelyne und Stephan. Evelyne konnte durch diese Ehe ihren gehemmten Eigenwert noch besser ausgleichen, denn dadurch wurde ihr Status deutlich angehoben.

Evelyne: »Es ist leider so, dass ich auf die angenehmen Rahmenbedingungen nicht mehr verzichten kann und auch nicht auf die Anerkennung, die mir durch die Ehe mit Stephan zuteilwird. In Bezug auf partnerschaftliches Glück habe ich allerdings meine Illusionen inzwischen verloren. Aber ich habe heute einen Modus gefunden, bei dem ich nicht mehr auf der Strecke bleibe, bei dem ich auch meinen eigenen Interessen und Vorlieben nachgehen kann.«

*»Auch aus Steinen,
die einem in den Weg gelegt werden,
lässt sich etwas Schönes bauen.«
(Johann Wolfgang von Goethe)*

Der Beziehungsgewinn

Wenn jemand einen Konflikt nicht aktiv lösen oder eine Schwierigkeit im Leben nicht meistern kann und deshalb unbewusst in eine Krankheit flüchtet, spricht man in der Psychoanalyse von einem primären Krankheitsgewinn.

Ein sekundärer Krankheitsgewinn entsteht, wenn der Betreffende dabei einen zusätzlichen Vorteil erzielen kann, wenn er z. B. aufgrund seiner Krankheit mehr beachtet wird, mehr Zuwendung erhält, andere unter Druck setzen kann oder vorzeitig pensioniert wird.

Ähnlich gelagert ist die Situation in Partnerbeziehungen, sodass man hier von einem »Beziehungsgewinn« sprechen kann.

Dabei heißt es jedoch, zwischen einem **neurotischen** und einem **realen** Beziehungsgewinn zu unterscheiden.

Ein **neurotischer** Beziehungsgewinn liegt z. B. vor, wenn man aufgrund von Unselbstständigkeit alleine mit dem Leben nicht zurechtkommt und deshalb in eine Beziehung flüchtet. Der **primäre** Beziehungsgewinn besteht darin, dass man in diesem Fall nicht mehr alleine ist und der Partner einem dabei hilft, den Alltag zu meistern. Zudem kann aus dieser Beziehung später ein **sekundärer** Beziehungsgewinn erzielt werden, der darin bestehen könnte, dass man nach einer eventuellen Trennung vom Partner bis ans Lebensende finanziell ausgesorgt hat.

Nehmen wir den Fall Eliza (34, Marketingassistentin).

Elizas innerseelische Spannungen und Konflikte drängten danach, ausgedrückt zu werden. Unbewusst flüchtete sie deshalb in die Beziehung mit Fabian (35, Prokurist). Fabian war ein ruhiger Zeitgenosse, der in der Beziehung immer auf Harmonie bedacht war und stets versuchte, es Eliza recht zu machen.

Doch Eliza machte ihm oft aus heiterem Himmel Szenen, interpretierte seine Äußerungen so, dass sie ihn angreifen und beschuldigen konnte, dazu schaffte sie künstliche Probleme am laufenden Band. Sie erwartete von Fabian, dass er sich mit ihr auseinandersetzte und nächtelang Probleme wälzte. Doch Fabian wollte lieber seine Ruhe haben, zumal er gar keine echten Probleme sehen konnte. Das brachte Eliza noch mehr in Rage. »Du musst dich den Problemen stellen, nicht davor flüchten! Sonst wirst du nie beziehungsfähig!«, schrie sie ihn an.

Was lief hier ab? Eliza brauchte dringend eine Beziehung, um ihre Spannungen loszuwerden (primärer Beziehungsgewinn). Durch das Ausagieren ihrer Spannungen erreichte sie, dass die Konflikte nicht körperlich, also über eine Krankheit oder über einen Unfall in der Außenwelt zum Ausdruck kommen konnten. Ferner versuchte sie unbewusst, über die selbstinszenierten Dramen und Probleme **Wichtigkeit, Zuwendung** und **Aufmerksamkeit** zu erhalten. Sie wollte Fabian dazu bringen, sich stundenlang mit ihr zu beschäftigen (sekundärer Beziehungsgewinn).

Ein **realer** Beziehungsgewinn ist dann zu verzeichnen, wenn die Partner wertvolle Anlagen und Fähigkeiten in die Beziehung investieren und dadurch beide zu **Gewinnern** werden.

Ein solcher Gewinn liegt auch dann vor, wenn man durch den Partner die Gelegenheit erhält, ein bestimmtes Talent zu entfalten oder seine Berufung zu finden. Hierzu zwei Fälle aus der Praxis:

Arno (42), ein erfolgreicher Hotelier, hatte sich am Stadtrand von München ein geräumiges Haus mit einem schönen Garten gekauft. Kurze Zeit später lernte er Johanna (38) kennen, eine attraktive Behördenangestellte aus Starnberg. Ungefähr ein Jahr später zog Johanna bei Arno ein. Sie fühlte sich dort auf Anhieb sehr wohl. Nach einiger Zeit entdeckte sie, dass in ihr Talente angelegt waren, die sie bisher mangels Gelegenheit nicht ausleben konnte, z. B. ihr Talent, eine Wohnung oder ein Haus geschmackvoll einzurichten, sowie ihr Talent, einen Garten in ein blühendes Paradies zu verwandeln.

Hätte Arno nicht die geeigneten Voraussetzungen und Rahmenbedingungen geschaffen, wären diese Talente vielleicht für immer in der Versenkung geblieben.

Viktors sehnlichster Wunsch war es, nicht mehr als Büroangestellter arbeiten zu müssen, sondern als Heilpraktiker tätig zu werden. Doch alle Anstrengungen, die er unternahm, um aussteigen zu können, schlugen fehl, bis eines Tages seine Frau Gisela eine Erbschaft machte. Da Gisela wusste, wie unzufrieden Viktor war, beschloss sie spontan, ihm eine Ausbildung in Naturheilkunde zu finanzieren. In der Heilpraktikerschule lebte Viktor auf, hatte er doch endlich seine Berufung gefunden. Viktor betreibt heute erfolgreich eine Naturheilpraxis.

Viktor: »Ohne Giselas finanzielle und emotionale Unterstützung hätte ich dies nicht geschafft. Sie hat mir ermöglicht, meinen Traumberuf zu ergreifen.«

So wie Johanna und Viktor geht es vielen Menschen: Durch den Partner können neue Qualitäten hinzugewonnen und unbewusste Talente zutage gefördert werden. Ein Partner eröffnet oft ganz neue Möglichkeiten und Chancen, es tun sich verschiedene Wege zur Entfaltung der eigenen Persönlichkeit auf.

So kann es auch sein, dass man über den Partner neue Vorlieben und Hobbys entdeckt, auf die man später nie mehr verzichten möchte.

Daniela: »Eigentlich muss ich allen meinen ›Verflossenen‹ letztendlich dankbar sein. Durch Robert lernte ich, mit einem PC umzugehen, durch Mike bekam ich Spaß am Radfahren, durch Sven begann ich, mich für Pferde und den Reitsport zu interessieren, und wenn Udo nicht gewesen wäre, gäbe es meine kleine Tochter nicht, an der ich so viel Freude habe. Jeder dieser Partner hat einen anderen Teil meiner Identität aktualisiert.«

Ähnliche Erfahrungen hat auch Lars (36, Computerspezialist) gemacht: »Ich habe den Eindruck, dass ich durch jede meiner Beziehungen mehr zu mir selbst gefunden habe. Magdalena führte mich in die Liebe ein, Rita weckte mein Interesse für Kunst, und Deborah, eine Amerikanerin, hat mir Englisch beigebracht. Ohne diese Sprachkenntnisse wäre ich heute den beruflichen Anforderungen nicht gewachsen.«

Was Daniela und Lars erlebt haben, ist natürlich nur möglich, wenn das Talent, die Neigung oder Vorliebe in einem bereits angelegt ist. Wenn nicht, sind alle Bemühungen des Partners, einen für dieses oder jenes zu begeistern, von vornherein zum Scheitern verurteilt.

Man kann jedoch auch einen realen Gewinn aus einer neurotischen Beziehung ziehen.

Ein Beispiel: Nachdem Jasmin und Patrick ein Paar geworden waren, merkte Jasmin, dass ihr neuer Freund große psychische Probleme hatte. Er litt an einer Angst- und Zwangsneurose, was ihre Beziehung sehr belastete. Um den Ursachen dieser neurotischen Störungen auf die Spur zu kommen und hierfür Lösungen zu finden, befasste sich Jasmin daraufhin intensiv mit der Psychoanalyse nach Sigmund Freud und der Individual-Psychologie nach Alfred Adler.

Nach Beendigung der Beziehung verfügte Jasmin über einen großen Fundus an psychologischen Kenntnissen. Ihr Interesse für Psychologie war durch Patricks Leiden geweckt worden und blieb – wie sie sagt – bis zum heutigen Tage bestehen. Vielleicht ist dies auch der Grund dafür, dass ihre nachfolgenden Beziehungen weniger problematisch verliefen.

Zwei weitere Beispiele: Stellt etwa der Partner während der Beziehung seine Weltanschauung als die einzig richtige hin, kann einem dadurch die eigene Weltanschauung und Lebensphilosophie bewusst werden.

Dogmatisiert der Partner seinen Geschmack, kann da-

Gerd hat mir das Segeln beigebracht, Marco hat mich an die Kunst herangeführt, Peter hat mir alles über die Geschichte der Azteken und Indianer erzählt, und bei Jan habe ich gelernt, einen Motor zu reparieren.

Und ich Idiot belege seit Jahren Volkshochschulkurse.

durch der eigene Geschmack entdeckt und zum Ausdruck gebracht werden.

Das, was als Quintessenz aus derartigen Beziehungen herauskommt, ist dann die Emanzipation des Geistes bzw. des eigenen Geschmacks. Jeder der beiden Partner übernimmt mehr oder weniger unbewusst die Aufgabe, dem anderen etwas bewusst zu machen oder ihn auf einen bestimmten Weg zu bringen, manchmal auch auf einen »falschen«. So kann jemand durch den Partner in kriminelle Kreise geraten, zur Drogensucht verleitet werden oder in einer Sekte landen, wo er permanent einer Gehirnwäsche unterzogen wird.

Solche Gefahren sind jedoch nur dann gegeben, wenn der Einzelne aufgrund ungenügend ausgebildeter Anlagen und eines mangelnden Realitätssinns eine Disposition dafür geschaffen hat, in solche Situationen zu kommen.

Andere wiederum ziehen aus den Erfahrungen, die sie in einer Beziehung gemacht haben, völlig falsche Schlüsse. Auf die Frage, welches Fazit sie aus der letzten Beziehung gezogen haben, kommen dann Antworten wie: »Ich darf mich nie mehr auf einen Menschen einlassen, der im Tierkreiszeichen Waage geboren ist.« Oder: »Ich habe mir geschworen: Ich lebe jetzt für immer alleine. Ein Partner kommt mir jedenfalls nicht wieder ins Haus. Hunde sind doch die besseren Menschen.«

Auch Maximilian zog nach der Trennung von Anja ein falsches Resümee. Als Maximilian mit Anja ein Liebesverhältnis hatte, warnte ihn seine Mutter mit den Worten: »Pass auf, Maximilian, es geht das Gerücht um, deine Anja würde es mit der Treue nicht so genau nehmen. Ich möchte nicht, dass du unglücklich wirst!« Doch Maximilian schlug die Warnung seiner Mutter in den Wind, denn er war von Anja wie hypnotisiert. Zwei Jahre später begann Anja ein Verhältnis mit Rafael, dem Sohn des größten Bauunternehmers am Ort, weil es ihr mit Maximilian zu langweilig geworden war. Maximilian brach sofort die Beziehung zu ihr ab. Seine Mutter hatte Recht behalten! Für ihn war von nun an klar: Man darf sich nur mit einem braven und anständigen Mädchen liieren, sonst »verbrennt man sich die Finger«.

Manche suchen auch nur unbewusst nach einer Bestätigung für ihr Skript.

Corinna z. B. hat eine massive Vaterproblematik. Ihr Skript lautet: »Alle Männer sind Schufte.« Und wo auch immer sie hinblickt, wird sie in ihrer Meinung bestätigt.

Oder: Franziska glaubt aufgrund traumatischer Erlebnisse in ihrer Kindheit fest daran, verlassen zu werden – und wird tatsächlich immer wieder von Männern verlassen.

Der Beziehungsgewinn ist also in solchen Fällen lediglich die scheinbare Bestätigung des eigenen Skripts.

Des Öfteren ist jedoch ein ganz anderes Phänomen zu beobachten:

Manche lernen durch die Schwächen ihrer Partner ihre eigenen Stärken kennen und wagen erst dann, eigene Anlagen zu entwickeln. Michael z. B. war die Inkarnation einer erlernten Hilflosigkeit. In welche Lebenssituation Michael auch immer geriet, früher oder später scheiterte er. Da man ihm als Kind alle Arbeiten abgenommen und ihm immer eingeredet hatte, dass er nichts richtig machen könnte, fühlte er sich auch als Erwachsener unfähig und minderwertig. Seine Freundin Patricia war ebenfalls nicht gerade mit großem Selbstbewusstsein ausgestattet. Doch in der Verbindung mit Michael wurde sie zunehmend forscher und traute sich immer mehr zu. Durch die extremen Schwächen ihres Partners wurden ihr die eigenen Stärken erst richtig bewusst. Aus der Beziehung mit Michael ging sie mit einem gesunden Selbstbewusstsein hervor und konnte daher ihre weiteren Beziehungen viel befriedigender gestalten.

Erstaunlich ist auch, dass meist eine große Diskrepanz besteht zwischen dem, was man beim Partner bewirken will, und dem, was man tatsächlich bewirkt.

Felix z. B. gehört zu den wenigen Menschen, die gleich auf mehreren Gebieten firm sind. Er besitzt wertvolle Informationen über Medizin, Ökologie, Ernährung, Wirtschaft und Finanzen, ist rhetorisch geschickt, technisch hoch begabt und sehr kreativ in Fragen, bei denen es um Gestaltung und Formen geht.

Doch Kathrin, seine Exfrau, konnte weder mit seinen Informationen noch mit seinen Begabungen etwas anfangen. Als sie nach ihrer Scheidung gefragt wurde, was ihr diese Beziehung gebracht habe, zuckte sie mit den Schultern und sagte: »Außer Wut und Tränen nichts. Oder doch! Etwas Gutes war dabei. Weil Felix mit mir aufs Land zog, war ich gezwungen, den Führerschein zu machen. Daraufhin kaufte er mir ein Auto. So wurde mein Aktionsradius immens erweitert, ich fühlte mich freier und unabhängiger. Heute ist es mir dadurch möglich, spontan mal meine Mutter oder Freunde zu besuchen, ohne auf andere angewiesen zu sein.«

Felix hätte es so gerne gehabt, wenn Kathrin die eine oder andere Information von ihm angenommen oder ein Kommunikationstraining mit ihm besucht hätte, die Sache mit dem Auto war für ihn ohne Bedeutung.

Wir können also konstatieren, dass manche Menschen aus einer Beziehung nicht den Gewinn mitnehmen, der allgemein offensichtlich ist (der sog. **offensichtliche** Gewinn), sondern einen sog. **verdeckten** Gewinn. Verdeckt deshalb, weil er für andere nicht sichtbar, kaum rational nachvollziehbar oder weil er für die Betreffenden selbst nicht erkennbar ist. Oft ist sogar eine Abwehrhaltung zu beobachten. Die Betreffenden wollen in diesem Fall partout nicht zugeben, dass sie in einer bestimmten Beziehung auch etwas Positives gelernt bzw. einen Gewinn erzielt haben. Sie versperren sich häufig vehement gegen diese Einsicht.

Halten wir fest: Nur ein ganz bestimmter Partner ist dazu geeignet, einem Verdrängtes, Unbewusstes oder Unerlöstes bewusst zu machen. Über ihn gilt es, spezifische Lernprozesse zu absolvieren, nur über ihn kann man zu einem spezifischen Beziehungsgewinn kommen.

Aus diesem Grunde schlagen oft alle Versuche fehl, während einer solchen Beziehung einen besser passenden Partner zu finden. Auch nützt es nichts, sich gegen diese Verbindung zu sträuben – man muss mit diesem Partner eine gewisse Wegstrecke zurücklegen, ob man will oder nicht. (Dies hat nichts mit Schicksalsergebenheit zu tun!) Nur über diesen Partner ist es möglich, die Lektionen zu lernen, die gerade in der eigenen Entwicklung an der Reihe sind. Erst wenn die notwendigen Entwicklungsschritte tatsächlich vollzogen sind, ist es möglich, einen neuen Partner auf einer anderen Frequenz anzuziehen. Vorher hält das Unbewusste den Partneranziehungsmechanismus gesperrt. Das ist womöglich der wichtigste Grund dafür, dass so viele Menschen von ihren Partnern nicht loskommen, obwohl sie so gerne mit einem neuen Mann oder einer neuen Frau ein neues Leben beginnen würden.

Es scheint das Gesetz zu gelten, dass man so lange bei einem Partner bleiben muss, bis der Beziehungsgewinn eingelöst ist!

Hierzu der Fall Emil. Aufgrund von gesellschaftlichem Druck – Emils Freundin Anna war von ihm schwanger – »musste« Emil heiraten. Drei Wochen vor der Hochzeit bekam Emil »kalte Füße«. Er war nicht ganz davon überzeugt, dass Anna die Richtige für ihn ist. Außerdem hatte er große Angst davor, durch die Ehe für immer gefesselt zu sein und seine Freiheit zu verlieren. Aus dieser Angst heraus machte er noch einmal einen »Generalversuch« – wie er es nannte – und sprach innerhalb von zwei Tagen über zwanzig Frauen in Cafés und Tanzlokalen an. Doch es war wie verhext: Entweder waren die Frauen schon vergeben, oder sie gaben ihm aus anderen Gründen einen Korb. Erst nach weiteren zwanzig Versuchen erhielt er von vier Frauen deren Telefonnummer. Als er sich schließlich mit diesen traf, merkte er, dass sie noch weniger zu ihm passten als seine Anna. Tatsächlich musste er über Anna eine Erfahrung machen, die ihm eine andere Frau so schnell und in dieser Art nicht hätte liefern können. Etwa ein Jahr nach der Hochzeit zog sich Anna eine schwere Darmkrankheit zu, die trotz aller ärztlicher Bemühungen nicht abklang. Kurz entschlossen stellten Anna und

Emil ihre Ernährung um. Daraufhin gesundete Anna innerhalb von drei Monaten. Aufgrund dieser wichtigen Erfahrung eröffnete Emil zwei Jahre später eines der ersten vegetarischen Restaurants in Deutschland. Es florierte von Anfang an. Dieses Restaurant war ein Meilenstein in Emils persönlicher Entwicklung. Erst nach dessen Etablierung trat Stella in Emils Leben, die Frau, mit der Emil heute glücklich verheiratet ist.

Fragen, die man sich in diesem Zusammenhang stellen könnte:

1. Habe ich aus meinen letzten Beziehungen eher einen neurotischen oder eher einen realen Beziehungsgewinn erzielt?
2. Habe ich durch die Beziehung mit einem meiner Expartner eine Anlage oder ein Talent entdecken können?
3. Sind durch diese Beziehung neue Hobbys und Vorlieben entstanden?
4. Hatte ich Partner, die den Gegenpol zu mir verkörpert haben? Wurden mir durch deren Andersartigkeit bestimmte Anlagen, Fähigkeiten oder Eigenarten bewusst?
5. Wurde ich durch meinen damaligen Partner auf einen »falschen« Weg gebracht?
6. Habe ich aus meinen letzten Beziehungen die richtigen Schlüsse gezogen?
7. Besteht mein Beziehungsgewinn nur darin, dass ich eine Bestätigung meines Skripts, meiner Vorurteile oder meiner nicht der Wirklichkeit entsprechenden Meinungen gefunden habe?

8. Besteht bei mir eine Diskrepanz zwischen dem, was ich bei meinem Expartner bewirken wollte, und dem, was dieser aus seinem Blickwinkel aus dieser Beziehung »herausholte«?
9. Besteht ein unbewusster Verwirklichungsplan bezüglich meiner Anlagen und Persönlichkeitsanteile?
10. Welche Anlagen und Anteile meiner eigenen Identität sind bereits über vergangene Partnerbeziehungen aktualisiert worden? Kann ich in der Verwirklichung dieser Anlagen eine gewisse Systematik und Folgerichtigkeit erkennen?
11. Aufgrund welcher Veränderung in meinem Persönlichkeitssystem bzw. aufgrund welcher Veränderung meiner Lebenssituation tauchte ein neuer Partner auf?
    a) Aufgrund einer Veränderung meiner geistigen Einstellung? ☐
    b) Aufgrund der Ausbildung einer Anlage, Fähigkeit oder eines Talents? ☐
    c) Aufgrund eines Umzuges? ☐
    d) Aufgrund einer beruflichen Veränderung? ☐
    e) Aufgrund sonstiger Veränderungen? ☐
12. Gegebenenfalls: Ist mir klar, dass mein neuer Partner meiner neuen Lebensphase entspricht und vorher gar nicht auf der Bildfläche meines Lebens hätte erscheinen können?

»Alle Wege führen – nach Hause.«
(Robert Hamerling)

Wie jeder seinen Platz in der Partnerschaft, im Wohnen und im Beruf finden kann

Unbewusst kennt jeder Mensch den Platz, an den er gehört. Bewusst können die meisten aber nur sagen, wo sie sich nicht wohl fühlen, wo nicht ihr Platz ist – ganz im Gegensatz zu unseren Stammzellen, die über die erstaunliche Fähigkeit verfügen, ihren richtigen Platz im Körper zu erkennen und zu finden. Mit nachtwandlerischer Sicherheit landen sie im jeweils richtigen Gewebe, um dort sesshaft zu werden. In der Medizin wird dieses Phänomen »Homing-Effekt« genannt. So »wissen« z. B. die in der Leber gebildeten Blutstammzellen, dass sie sich im Knochenmark eines Kindes niederlassen müssen, um dort Blutzellnester zu bilden. Jede andere Destination hätte ungünstige Folgen. Die einzelne Stammzelle zeigt uns gleichnishaft, wie wichtig es für einen Menschen ist, den Platz zu erkennen bzw. aufzusuchen, an den er gehört.

Die Schwierigkeit liegt darin, dass die meisten Menschen sich falsch einschätzen, d. h. sich entweder unter- oder überschätzen, was mit ganz spezifischen Schicksalsfolgen verbunden ist.

1. Menschen, die sich falsch einschätzen und sich daher auf einem für sie falschen Platz befinden

Das kann z. B. ein Maler sein, der sich irrtümlich für einen großartigen Künstler hält, sich aber in Wirklichkeit besser als Pädagoge eignen würde. Das Problem ist dann zwangsläufig, dass er mit seinen Bildern keinen Erfolg hat und seine pädagogischen Anlagen durch die falsche Spur, die er verfolgt, nicht aktualisiert werden können. Der berufliche Misserfolg wiederum senkt seine Stimmung, was sich wiederum ungünstig auf die Partnerwahl auswirkt. Er kann dadurch nur eine solche Frau als Partnerin anziehen, die ihrerseits einen erfolglosen, leicht depressiven Künstler als Partner braucht. Er passt mit diesem Beruf und dieser Stimmungslage nur in das Skript einer ganz bestimmten Frau, zu einer ganz bestimmten Zeit. Er hat dann zwar paradoxerweise die richtige Frau, aber letztendlich doch die falsche, weil er z. B. als erfolgreicher Gymnasiallehrer mit entsprechendem Einkommen eine ganz andere Partnerin hätte erwirken können.

2. Menschen, die sich unterschätzen und daher auf den verschiedensten Lebensgebieten nicht am richtigen Platz sind

Dazu könnte ein Fließbandarbeiter gehören, der in seinem Beruf unglücklich ist und nicht ahnt, dass er einen hervorragenden Verkaufsleiter abgeben würde, oder eine Kassiererin an einer Supermarktkasse, die einfach nicht verstehen kann, warum sie im Gegensatz zu ihren Kolleginnen so unzufrieden ist, und nicht weiß, dass sie alle Anlagen hätte, um als Hairstylistin Erfüllung zu finden.

Menschen, die auf einem für sie falschen Platz festsitzen, sind oft unglücklich und ziehen immer wieder negatives Schicksal an. Der Fließbandarbeiter im obigen Beispiel ist daher besonders gefährdet, an seinem Arbeitsplatz einen Unfall zu erleiden und sich dabei zu verletzen. In diesem Zusammenhang müsste einmal untersucht werden, inwiefern es sich bei den sogenannten Unfällern (Personen, die immer wieder gleichsam magisch Unfälle anziehen) um Menschen handelt, die einen Beruf ausüben, der nicht ihrer Identität entspricht. Unfäller befinden sich möglicherweise deshalb am falschen Platz, weil sie andere Anlagen, Begabungen und Neigungen haben als die, die an ihrem Arbeitsplatz gefragt sind (siehe Punkt 1), oder weil sie von der Entwicklungsstufe ihrer Anlagen her nicht mehr dorthin gehören. Wenn sich herausstellt, dass sie der bisherigen Form entwachsen sind, müssten sie sich eine neue Form suchen. Tun sie das nicht, beginnt die bisherige Form zu beengen, zu drücken und zu schmerzen, vergleichbar mit Schuhen, die einem Kind nach einem Wachstumsschub nicht mehr passen. In diesem Stadium keimt neben Unzufriedenheit meist auch Neid auf. Das Gefühl des Neids ist jedoch ein Zeichen dafür, dass bei dem Betreffenden etwas unverwirklicht ist.

Es gilt also, demjenigen, der den Neid scheinbar verursacht, dankbar zu sein, weist er doch darauf hin, was einem fehlt bzw. was man eigentlich möchte. Durch ihn bekommt man eine Orientierung und damit die Chance, einen bisher verborgenen Teil seiner Identität kennen zu lernen. Zugleich wäre es natürlich auch für den Betreffenden wichtig abzuklären, aufgrund welcher Anlagen und welchen Verhaltens der andere das Objekt des Neids erlangen konnte und was er selbst tun müsste, um dasselbe zu erreichen.

Kurzum, wenn jemand aufgrund seiner Entwicklungsstufe und der Frequenz seiner Anlagen nicht an einen bestimmten Arbeitsplatz gehört, sollte er eine Strategie ausarbeiten, um dorthin zu kommen, wo er hinwill. Viele machen in der Übergangsphase den Fehler, dass sie an ihrem alten Arbeitsplatz durch Verweigerung, Widerstand oder Rebellion unangenehm auffallen. Sie laufen dadurch Gefahr, statt höher aufzusteigen, in der sozialen Hierarchie abzurutschen.

Wer jedoch durch strategisch und taktisch richtiges Verhalten danach strebt, was ihm wirklich zusteht, wird vom Schicksal unterstützt und schließlich fürstlich belohnt. All die Aktivitäten, die in die neue Richtung gehen, werden gefördert – es läuft alles reibungslos ab.

Nicht nur in der Berufswelt, sondern auch bei seinem Partner oder mit seiner Wohnung kann man sich am falschen Platz befinden. Dies gilt es zu erkennen und schließlich die Weichen so zu stellen, dass man dort hinkommt, wo man sich wohl fühlt und ein echtes Zuhause hat. Man muss so lange weitersuchen, bis man seine Ebene, seinen Level, seinen Platz gefunden hat.

3. Menschen, die sich überschätzen und daher vom Schicksal immer wieder auf den Boden der Realität zurückgebracht werden

Diese Personen sind unzufrieden, weil es bei ihnen eine Diskrepanz zwischen Anspruch und Wirklichkeit gibt. Sie überschätzen sich in Bezug auf ihre Talente sowie in Bezug auf ihre Intelligenz so sehr, dass sie glauben, ihnen würde auf den verschiedensten Lebensgebieten mehr zustehen, als sie haben – ein höher dotierter Posten, eine schönere Wohnung oder ein »besserer« Partner.

Sie wollen nicht wahrhaben, dass sie sich aufgrund der Frequenz ihrer Anlagen genau auf dem Platz befinden, an den sie gehören, dass dieser ihrem wirklichen Level, ihrer tatsächlichen Entwicklungsstufe, entspricht.

Bei dieser Gelegenheit eine kurze Definition der wahren Entwicklungsstufe:

Die Höhe der wahren Entwicklungsstufe eines Menschen ist davon abhängig, inwieweit seine rhetorischen Fähigkeiten, seine kreativen und schöpferischen Anlagen, seine Selbstständigkeit, seine Managementfähigkeiten, seine analytischen Fähigkeiten, sein geistiger Besitz, seine Lebensphilosophie, seine Phantasie usw. entwickelt sind. Diese Definition steht im Gegensatz zur Meinung vieler, die glauben, man könne z. B. allein mithilfe von Channeling oder durch Meditieren höhere Bewusstseinsstufen erlangen. Vom Bewussten her sind die Betreffenden oftmals überzeugt, sich bereits auf einer viel höheren Stufe zu befinden. Das Unbewusste weiß jedoch sehr genau, ob eine Entwicklungsstufe tatsächlich oder nur in der Einbildung erreicht wurde.

Manche revoltieren an dem Platz, wo sie sind, stellen Forderungen und Ultimaten, die jedoch nur selten erfüllt werden. Im Gegenteil! Oft verlieren die Betreffenden dadurch auch noch das, was sie bisher erreicht bzw. sich erworben haben – ihren Arbeitsplatz, ihre Wohnung, ihren Partner. Und es kommt dann nichts Besseres nach, weil sie nicht die Inhalte und die Substanz aufweisen, die erforderlich wären, um etwas Besseres anzuziehen. Sie können bis zum Sankt-Nimmerleins-Tag weitersuchen, ihre Anstrengungen werden vergebens sein.

4. Menschen, die sich am richtigen Platz befinden und auch das Gefühl haben, dorthin zu gehören

Solche Menschen führen ein zufriedenes und glückliches Leben, weil sie – wie die Stammzellen in ihrem Körper – die Fähigkeit entwickelt haben, ihr eigenes Heim zielsicher anzusteuern (Homing-Effekt). Sie brauchen nicht mehr rastlos nach einem neuen Job, einer neuen Wohnung oder einem neuen Partner zu suchen, weil sie das alles bereits gefunden haben. Sie können sich an ihrem jeweiligen Platz so einrichten, wie es ihnen guttut, und können deshalb von einer inneren Sicherheit und Geborgenheit aus operieren.

IV. Die sieben Aufbauphasen einer glücklichen Beziehung

Die sieben Entwicklungsphasen einer Beziehung

– Der Weg des Paares –

In einer herkömmlichen Beziehung werden gewöhnlich sieben Phasen absolviert: die euphorische Phase, die Phase des Erkennens der Realität, die Stagnationsphase, die Frustrationsphase, die Reduktionsphase, die Resignationsphase sowie die apathische Phase. Diese sieben Phasen durchläuft man normalerweise als Paar, wenn man die Fahrt in den »Abgrund« nicht rechtzeitig, also möglichst bereits in der zweiten Phase, zu stoppen vermag. Nachfolgend soll aufgezeigt werden, welche Entwicklungsphasen für ein Paar möglich sind, wenn es statt der neurotischen die reale Form einer Beziehung wählt.

Die reale Form einer Beziehung zu wählen bedeutet, dass die Beziehung auf dem Boden der Realität aufgebaut wird, dass der Partner nicht mehr (auch nicht unbewusst) als Gegner gesehen wird, sondern dass man die auf beiden Seiten vorhandenen Energien und Kräfte bündelt, **damit man zusammen mehr erreichen kann als jeder für sich allein.** Eine solche Beziehung setzt voraus, dass man sich von den fast endlos ablaufenden Rollenspielen befreit und dass jeder Anlagen und Fähigkeiten ausgebildet hat, die für den anderen eine Bereicherung darstellen. Erst dann besteht überhaupt die Möglichkeit, auf authentische Weise zu seinem Partner in Beziehung zu treten, sich zu beziehen auf das, was der Partner vorzuweisen hat. Wenn sie nur Interesse an Mode, Lokalen, Wein und Pop-Musik hat und er nur an Fußball, Autos, Bier und seinen Sportsfreunden, ist es sehr schwierig und manchmal unmöglich, zwischen diesen grundverschiedenen Welten einen Bezug herzustellen.

Ganz anders gestaltet sich hingegen das Bild, wenn beide z. B. die Fähigkeit erworben haben, selbstständig zu handeln, weil sie dann zusammen Großes zuwege bringen können – ein Geschäft aufbauen, eine Firma gründen, Projekte durchführen oder auch ganz einfach ihr gemeinsames Unternehmen »Partnerschaft« oder »Familie« zu einem Meisterwerk machen.

Oder: Wenn die Frau ihre spezifische Geborgenheit gefunden hat und der Mann ebenso, dann ist es viel leichter für beide, in einer gemeinsamen Partnerschaft auch eine gemeinsame Geborgenheit zu erlangen, als wenn einem der Partner diese Qualität fehlt.

Hier wird deutlich – und das zieht sich wie ein roter Faden durch sämtliche sieben Entwicklungsphasen des »Partnerschaftsbaumes« –, dass jeder erst etwas **Eigenes** haben muss, bevor etwas wirklich **Gemeinsames** erreicht werden kann.

Nur wenn jeder genügend eigene Anlagen entwickelt hat, etwa Durchsetzungsfähigkeit, Genussfähigkeit, einen eigenen Lebensstil, Kommunikationsfähigkeit, eine eigene Lebensphilosophie, eigene Ziele, ist es möglich, eine reale Beziehung aufzubauen und reale Glücksgefühle in der Gemeinsamkeit zu erleben.

Haben beide oder auch nur einer der beiden solche Anlagen nicht zur Verfügung, können sie als Paar nur das Spiel des »Als-ob« spielen, d. h. nur so tun, als ob sie Gemeinsamkeiten bzw. eine Gemeinschaft hätten. Da in diesem Fall das Paarleben auf Schein beruht, müssen die anfangs aufgeführten sieben Phasen einer normalen Partnerschaft absolviert werden, damit beide begreifen können, dass ihre Beziehung auf Sand gebaut ist.

Halten wir fest: Die Grundvoraussetzung dafür, dass eine Beziehung gelingt bzw. längere Zeit Bestand hat, ist, dass jeder zuerst all das **alleine** schafft, was er mit seinem Partner auf einer anderen Ebene **gemeinsam** verwirklichen will.

Auf diese Weise bringt man eine gute Mitgift in die Beziehung ein, die in jedem Fall wertvoller ist als finanzieller bzw. materieller Reichtum. Wenn beide solche »Geschenke« mitbringen, ist man auch wirklich als Paar stärker, als man es alleine ist.

Damit gilt die Gleichung:

$$1 + 1 = 3$$

Jeder bleibt Individuum und kann sein Leben seiner Natur gemäß leben, gewinnt aber auch noch eine gewaltige Dimension dazu, nämlich die Power, die aus dem Leben der Gemeinsamkeit resultiert.

In einer neurotischen Beziehung dagegen lautet die Gleichung entweder

$$1 + 1 = 1 \text{ oder } 1 + 0 = 0 \text{ oder } -1 + 1 = 0$$

Im ersten Fall verleugnet jeder der beiden Partner sein Selbst zugunsten der Zweierbeziehung. Die höchste Priorität hat hierbei die Beziehung oder die Ehe als solche, während die Individualität beider Partner auf der Strecke bleibt.

Die zweite Variante $1 + 0 = 0$ liegt vor, wenn z. B. Person A glaubt, sie hätte eine Beziehung mit Person B, aber Person B weiß davon nichts bzw. hat nicht das Gefühl, sich in einer solchen zu befinden.

Der dritte Fall tritt ein, wenn sich z. B. ein Energieräuber mit einem Opfer liiert hat. Der Erstere entzieht seinem Partner körperliche, seelische oder geistige Substanz, d. h., der Energieräuber lebt auf dessen Kosten. Von einer Partnerschaft oder Beziehung im wirklichen Sinne kann dann natürlich nicht die Rede sein. Es kommt letztendlich nichts Erfreuliches dabei heraus, selbst wenn ein solches Paar jahre- oder jahrzehntelang zusammenbleibt.

Um die Voraussetzungen für einen konstruktiven Aufbau einer Beziehung zu schaffen, um wirklich partner- und beziehungsfähig zu werden, sind noch einzubringen

- die Fähigkeit, dem anderen wohlwollend gegenüberzutreten,
- das richtige Maß zu finden,
- Harmonie und Ausgewogenheit herzustellen,
- sich als gleichberechtigter Partner einzubringen,
- die Reaktionen des anderen zu beachten und ggf. auch zu antizipieren,
- Kompromisse zu schließen,
- sich zu arrangieren
- und last, but not least, sich selbst auszugleichen sowie sich auszutauschen.

»Glücklich ist nicht,
wer anderen so vorkommt,
sondern wer sich selber dafür hält.«
(Seneca)

Das Recht auf Ausgleich für einen selbst und seinen Partner

Jeder Mensch hat das Recht und die Pflicht, sich selbst auszugleichen, sich selbst ins Gleichgewicht, in die Harmonie zu bringen.

Ein Beispiel: Florian (39, Bankdirektor) hatte als Kind sehr unter seinem autoritären Vater gelitten. Aufgrund dessen hat er auch heute noch massive Eigenwertprobleme. Wegen seiner ökologischen und sozialen Ausrichtung wagte er nicht, seinen mangelnden Eigenwert durch den Erwerb von teuren Konsumartikeln auszugleichen. Dafür kompensierte seine Ehefrau Corinna (30, Hausfrau), deren Eigenwert ebenfalls gehemmt war, genau auf diese Weise umso mehr. Sie war Stammkundin in den nobelsten Boutiquen, richtete die gemeinsame Wohnung mit Designermöbeln ein und ließ sich von Florian zu Weihnachten ein fabrikneues Cabriolet schenken. Aufgrund ihrer exklusiven Designerkleidung, der Top-Wohnungseinrichtung und ihres schnittigen Autos wurde Corinna zusehends selbstbewusster, aber gleichzeitig auch ungehaltener und ungerechter gegenüber Florian. Er hatte ihre Kompensation finanziert und hatte letztendlich gerade diese nun in der Erleidensform; denn es war nicht nur Corinnas verändertes Verhalten, das ihn störte, sondern auch ihre Haute-Couture-Kleidung und die von ihr gewählte Wohnungseinrichtung.

Er hatte von ihr Dankbarkeit dafür erwartet, dass er ihr das alles ermöglicht hatte, und musste aber jetzt erkennen, dass diese Rechnung nicht aufging. Im Gegenteil! Das Selbstbewusstsein, das sie durch die verschiedenen Kompensationen gewonnen hatte, wandte sich ja jetzt gegen ihn. Er ärgerte sich darüber, dass ihm seine jahrelange Selbstverleugnung letztlich kein Glück gebracht hatte. Er hatte sich in eine Falle manövriert, die er selbst gebaut hatte. Als Corinna einen anderen Mann kennen lernte – sie hatte ja nun eine andere Ausgangsposition bzw. eine andere Frequenz – und schließlich die Scheidung einreichte, kam ihm das wie eine Befreiung vor.

Hier gilt das Gesetz: Wer nicht selbst kompensiert, erfährt die Kompensation des anderen in der Erleidensform, also als Schicksal. Umgekehrt gilt aber auch: Wer sich selbst ausgeglichen hat, kann die Kompensation des anderen zulassen. Wie ist das zu verstehen?

Viele Menschen fühlen sich minderwertig, wollen – weil sie es so gelernt haben – immer bescheiden sein, nehmen sich zurück und lassen anderen den Vortritt. Sie wagen es nicht, dafür zu sorgen, dass es ihnen gut geht, oft aus Angst, dann als egoistisch oder rücksichtslos zu gelten. Man kann sich aber nur wohl fühlen, wenn man das, was in einem angelegt ist, zum Ausdruck bringt – sei es ein eigenes Talent, eine eigene Vorstellung, der eigene Geschmack oder die eigene Lebensphilosophie. Damit ein echtes Wohlfühlen auf

Dauer möglich ist, muss man dafür Sorge tragen, dass Defizite im eigenen Persönlichkeitssystem ausgeglichen werden, d. h., man muss sich zuerst das Recht auf Ausgleich zugestehen und dann davon Gebrauch machen.

Florian aus dem vorherigen Beispiel hätte also wissen müssen: Wenn er eigene Ausgleichsmöglichkeiten nicht wahrnimmt, wird er mit in seinen Augen pervertierten Kompensationen seiner Partnerin konfrontiert. Er hätte sich also zuerst selbst die Erlaubnis geben müssen, sein Eigenwertdefizit auszugleichen. Hätte er dies auf seine eigene Art getan, hätte er nicht Corinna als Partnerin angezogen, sondern eine andere Frau, deren Geschmacksausdruck ihm nicht unangenehm gewesen wäre. Zudem kann jemand, der sich selbst ausgeglichen hat, souveräner und toleranter gegenüber den Ausgleichsaktivitäten der anderen sein. Wer unausgeglichen ist, neigt dazu, ständig an den Kompensationen der anderen herumzunörgeln. Er empfindet fast alles als unmöglich, was die anderen tun und sagen, sieht in ihnen z. B. Angeber oder Menschen, die an einer Geschmacksverirrung leiden. In Extremfällen betrachtet er sie sogar als psychisch krank. *Weil er mit sich selbst in Dissonanz ist, ist er auch in Dissonanz mit seinem Partner und seinen Mitmenschen.*

Hierzu zwei Beispiele:

Heidrun litt sehr darunter, dass ihr Ehemann Rudolf kaum geistige Interessen hatte. Da sie keine Initiative ergriff, um Kontakte mit anderen Menschen herzustellen, mit denen sie sich geistig hätte austauschen können, kritisierte sie ständig an Rudolfs Motorradleidenschaft herum.

Kevin hatte eine starke Handlungsblockade, die er nicht kompensieren konnte. Seine Freundin Barbara hingegen war in Organisation und Management fast perfekt. Trotzdem passte Kevin vieles nicht, was sie in Gang setzte. Immer wieder brachte er in solchen Fällen zum Ausdruck, dass er anders gehandelt hätte.

Es gilt also zu unterscheiden zwischen einem Ausgleich durch

1. die Verwirklichung von eigenen Anlagen und Talenten, z. B. dem Erlernen der Redekunst oder der Verwirklichung einer Idee und
2. durch materielle Gegenstände oder in der Gesellschaft anerkannte Tätigkeiten bzw. Unternehmungen. Dabei sollte man sich die Frage stellen: Was stört mich in dieser Hinsicht bei meinem Partner und was kann ich ohne Schwierigkeiten verkraften?

    a) *Kompensationsformen, die nicht störend oder beeinträchtigend auf den anderen wirken*

    Viele Menschen wollen, dass ihr Partner so ist, wie sie ihn haben möchten. Man könnte den Eindruck haben, dass ihnen eine Kopie oder ein Klon von sich selbst – nur im anderen Geschlecht – am liebsten wäre. Deshalb können sie vieles bei ihrem Partner nicht gutheißen, viele Dinge und Verhaltensweisen, die sie objektiv gesehen ohne weiteres tolerieren könnten, weil diese sie im Grunde nicht berühren oder gar beeinträchtigen. Wenn jemand von seinem Ersparten ein Prestigeobjekt kauft, etwa eine exklusive Armbanduhr, wenn er gerne die Sportschau im Fernsehen ansehen oder sich stundenlang in Schuhgeschäften aufhalten will, geht das dessen Partner genau genommen nichts an. Wer seinem Partner »erlaubt«, sich selbst auszugleichen, dem kommt das zu guter Letzt selbst zugute, weil dessen Zufriedenheit und Ausgeglichenheit auf ihn zurückstrahlt. Außerdem wird einem der Partner bewusst oder unbewusst dankbar sein, weil man Verständnis dafür hat, dass er diesen Ausgleich braucht, um sich gut zu fühlen.

Bei unseren Beispielen handelt es sich also um Kompensationsformen, die mit einem selbst nichts zu tun haben. In diesem Fall sollte man sich sagen: »Das kann mein Partner nur für sich allein ausleben! In der Zwischenzeit kann ich etwas anderes tun. Ich bin deshalb sogar froh, wenn er anderweitig beschäftigt ist und sich nicht langweilt oder gar erwartet, dass ich mich ihm ständig widme.«

b) *Kompensationsformen, die den anderen stören und ihn zu Kompromissen und zur Selbstverleugnung treiben*

Es gibt Kompensationsformen des Partners, gegenüber denen man sich nicht oder kaum abgrenzen kann, wenn man mit diesem in einer Wohnung zusammenlebt. Etwa, wenn man als Nichtraucher mit einem starken Raucher liiert ist und dieser nicht bereit ist, Rücksicht auf einen zu nehmen, z. B. indem er nur in seinem Zimmer raucht, oder wenn der Partner Hundehalter ist und man selbst Hunde nicht mag oder sich gar vor ihnen fürchtet.

Die größten Schwierigkeiten entstehen dann, wenn

der eine den anderen in seine Kompensationsformen hineinzieht oder womöglich mit ihm zusammen kompensieren will und der andere dadurch gezwungen ist mitzumachen. Z. B. will Carsten jedes Wochenende eine Bergtour machen, aber es macht ihm nur Spaß, wenn seine Freundin Tina dabei ist. Diese aber hat dazu keine Lust.

Oder: Mario sucht Anerkennung mit seinem rasanten Sportwagen, während Ines, seine Verlobte, darin Angst verspürt.

Das Geheimnis einer guten Beziehung besteht u. a. darin, dass jeder den anderen auf die ihm gemäße Art und Weise kompensieren lässt und keiner eine Kompensationsform braucht, die den Partner zu (faulen) Kompromissen oder gar zur Selbstverleugnung zwingt.

»Niemand weiß,
was in einem drinsteckt,
solange er nicht versucht hat,
es herauszuholen.«
(Ernest Hemingway)

Die Fähigkeit, sich auszutauschen

Wenn beide Partner ihre wertvollen Energien einbringen, kommt es zu einem Austausch, etwa, wenn sie Informationen einholen und weitergeben, sich gegenseitig Zärtlichkeit schenken, Ideen entwickeln und besprechen … Jeder konstruktive Austausch schenkt Freude und lädt die entsprechende Anlage auf, ähnlich wie eine Batterie durch ein Ladegerät aufgeladen wird. Besonders intensiv erfährt man dies, wenn man z. B. mit seinem Partner kuschelt und einander innig umarmt. Es ist direkt zu spüren, wie die Energie bzw. die seelische Wärme überströmt und eine Aufladung erfolgt. Man wird energetisch gestärkt, es entsteht ein Gefühl von Wohlbefinden und Kraft. Die Energien kommen in einen freien Fluss, was positive Konsequenzen auf den verschiedensten Lebensgebieten hervorruft. Auf diese Weise entstehen synergetische Effekte.

Unter Synergie versteht man das Zusammenwirken verschiedener Kräfte, Faktoren oder Organe zu einer Gesamtleistung. Es handelt sich um einen dynamischen Prozess, der in Gang kommt, wenn durch das Zusammenwirken zweier oder mehrerer Kräfte eine bessere oder größere Leistung zustande kommt, als sie durch die Summe der getrennt wirkenden Kräfte erzielt werden könnte. Es ist ein Prozess, bei dem das Ganze einen größeren Wert hat als die Addition der Einzelteile, die dabei gleichzeitig ihre Individualität behalten. Man kann z. B. einen einzelnen Beinmuskel gesondert bewegen, wenn man jedoch alle Beinmuskeln gleichzeitig bewegt, kann man gehen oder laufen. Synergie ist die Nutzbarmachung des positiven Feedbacks als System für die Erzeugung weiteren Wachstums.

Durch den Energieaustausch mit dem Partner (im Gegensatz zum Verhältnis zwischen Energieräuber und Opfer) entsteht etwas ganz Neues, u. U. noch nie Dagewesenes.

Austausch bedeutet, durch den Partner befruchtet und bereichert zu werden. So mancher geht alleine stets im Kreis. Vielleicht fehlt ihm der zündende Funke, ein Impuls oder eine wichtige Information. Durch den Austausch ist eine Weiterentwicklung möglich – einer Idee, eines Projekts, einer Weltanschauung, einer Phantasie usw., aber auch eine Weiterentwicklung der eigenen Persönlichkeit schlechthin!

Man wird nicht nur durch den anderen bestätigt und verstärkt, sondern auch komplettiert und vervollkommnet. Es entstehen Gefühle der Sicherheit und Klarheit – man kann dadurch ganz anders in der Welt operieren – und das Gefühl, zusammen etwas entwickelt und erarbeitet zu haben.

Damit verbunden ist auch eine Stärkung des Zusammengehörigkeitsgefühls. In diesem Zusammenhang wird auch evident, warum manche Langzeit-Singles oft so skurrile Ansichten und Verhaltensweisen entwickeln. Oft fehlt ihnen der Austausch und damit Rückmeldungen, Möglichkeiten, den eigenen Horizont zu erweitern, sowie die Fähigkeit, aus dem rein subjektiven, Bezug herauszutreten. Das führt nicht selten zu einer erheblichen Reduzierung ihrer Lebensenergie und Power. Sie können nur einen Pol verkörpern. Doch erst zusammen mit dem anderen Pol würde »elektrische Energie« entstehen.

Nachfolgend werden die sieben Entwicklungsphasen dargestellt, die ein Paar zu durchlaufen hat, deren Beziehung auf Ausgleich und Austausch basiert.

»Jedem Anfang wohnt ein Zauber inne.«
(Hermann Hesse)

1. Phase: Werbung und erstes Rendezvous

Jede Beziehung beginnt mit einem bewussten oder unbewussten Werbeverhalten. Karl Grammer schreibt in »Signale der Liebe«: »Man zieht in der Regel durch sein Verhalten und durch sein Aussehen Aufmerksamkeit auf sich und gibt dem Beobachter die Möglichkeit der Einschätzung. Dadurch kommunizieren wir ständig, wer wir sind, was wir sind, was wir im Sinn haben und wer wir sein wollen. Die Aufmerksamkeit, die uns andere zollen, führt letztlich dazu, dass wir sie benutzen, um anderen ein bestimmtes Bild von uns selbst zu übermitteln. Selbstdarstellung ist deshalb im Werbeverhalten eines der am häufigsten eingesetzten Mittel.

Geschlechtstypisches Aussehen und Verhalten wird als attraktiv bewertet. Demnach muss sich auch die Darstellung der Identifikation mit dem eigenen Geschlecht auf andere auswirken«.

Die Selbstdarstellung von Frauen gegenüber Männern wurde von der Sozialbiologin Margret Moore in amerikanischen Diskotheken untersucht. Sie beobachtete dabei u. a. »ungerichtete« Verhaltensweisen.

Diese sind nicht auf einen bestimmten Mann gerichtet, sondern dienen ganz allgemein der Erhöhung ihrer Attraktivität. Die Betonung ihrer sekundären Geschlechtsmerkmale wird von Frauen als Signal eingesetzt. Bei Moores Untersuchungen zeigte sich, dass die Häufigkeit solchen Verhaltens mit der Anzahl der Annäherungen von Männern an die beobachteten Frauen korrelierte.

Das erste Rendezvous

Beim ersten Rendezvous trifft das Ich das Du. Dabei wird der Keim gelegt für den »Partnerschaftsbaum«. In diesem Keim sind bereits en miniature die Eigenart und die Entwicklung der betreffenden Partnerschaft enthalten. Deshalb ist dieser Beginn von ganz entscheidender Bedeutung. Hier werden die Weichen für später gestellt. Hier wird entschieden, ob es sich um eine reale oder neurotische Partnerschaftsform handeln wird, wer bei der neurotischen die Oberhand gewinnen und wer der Unterlegene sein wird, wer im Gespräch der bestimmende Teil sein wird, wer sich besser durchsetzen und behaupten kann und wer sich »die Butter vom Brot« nehmen lässt.

Außerdem ist entscheidend, welchen Eindruck man bei dem potentiellen Partner hinterlässt; denn hat sich der Partner erstmal ein bestimmtes Bild von einem gemacht, ist es fast unmöglich, dieses im Nachhinein zu berichtigen oder gar gänzlich zu verändern, zumal er dieses Bild oft braucht, um sein Persönlichkeitssystem zu stabilisieren. Er will einen auch in der Zukunft so wie bisher sehen, weil man nur so in seine psychische Struktur und in seinen Lebensfilm passt. Wenn man an einer realen Beziehung interessiert ist, sollte man von Anfang an die Karten offen auf den Tisch legen, sich so zeigen, wie man ist, also authentisch sein. Jede Verstellung oder Schummelei erwirkt ein anderes Bild beim potentiellen Partner, und damit sind Enttäuschungen vorprogrammiert.

Die erste Phase der Partnerschaft hat noch etwas Luftiges und Leichtes an sich. Man lässt sich nicht festlegen, es ist nicht nötig, sich endgültig zu entscheiden. Man hat noch die freie Wahl. Deshalb ist es während dieses Partnerwahlprozesses auch legitim, immer wieder mit anderen Partnern auszugehen, um abchecken zu können, wer einem besonders sympathisch ist, bei wem der Funke überspringt und wessen Persönlichkeitssystem mit dem eigenen vereinbar wäre.

> *»Wenn zwei Wesen,*
> *die miteinander durchs Leben gehen wollen,*
> *nichts als ihr Liebesgefühl haben,*
> *so sind ihre Quellen schnell erschöpft*
> *und bald stellen sich Gleichgültigkeit,*
> *Übersättigung, Widerwille ein.«*
> *(Honoré de Balzac)*

2. Phase: Verwurzelung der Partnerschaft

- **Gemeinsamer Lebensstil**
- **Gemeinsames Revier**
- **Gemeinsame Finanzen**
- **Gemeinsamer Genuss**

Wenn man sich mit einem spezifischen Partner immer wieder trifft, kann im Laufe der Zeit eine Beziehung entstehen.

Wir haben bei dem Kapitel »Die acht Varianten einer Beziehung« gesehen, dass große Unterschiede bestehen zwischen einer rein sexuellen bzw. körperlichen Beziehung, einer (seelischen) Liebesbeziehung und einer geistigen Beziehung.

Die große Frage, die sich in diesem Zusammenhang stellt, ist, ob die jeweilige Beziehung auch alltagstauglich ist; denn für das Zusammenleben mit einem Partner sind oft ganz andere Kriterien entscheidend als bei getrennten

Wohnungen. Mit anderen Worten: Man kann mit einem Partner körperlich, seelisch und geistig auf wunderbare Weise harmonieren, aber in dem Moment, in dem man zusammenzieht, könnten unerwartet Schwierigkeiten auftauchen. Ist man mit einem Partner bereits ein oder zwei Jahre liiert, ist man häufig dem Druck der Umwelt ausgesetzt zusammenzuziehen. Bekannte, Freunde und Verwandte beginnen einen zu bedrängen: »Ihr versteht euch doch so gut! Warum zieht ihr nicht zusammen? Ich wüsste eine preiswerte Wohnung für euch!« Und wenn das Umfeld keinen Druck ausübt, macht dies vielleicht einer der beiden Partner selbst, weil er glaubt, dass es allmählich an der Zeit wäre, diesen Schritt zu tun.

Doch nicht jeder ist für das Zusammenleben geeignet! Die Erfahrung zeigt, dass es für viele Paare besser gewesen wäre, wenn sie den Zustand des Getrenntwohnens beibehalten hätten! Die Wahrscheinlichkeit, dass deren Beziehung dann besser funktioniert hätte, wäre sehr hoch gewesen!

So aber beugen sich viele dem inneren oder äußeren Zwang zusammenzuziehen – und scheitern.

Sie scheitern,

> weil z. B. dem Reviertrieb des Menschen nicht Rechnung getragen wird; vielleicht hatte nicht jeder Partner ein eigenes Zimmer, um sich auch einmal aus der Partnerschaft zurückziehen und eigenen Interessen und Hobbys nachgehen zu können.

Und sie scheitern häufig

> am gemeinsamen Schlafzimmer, weil diese Lebens- und Wohnform den Eros nicht selten über kurz oder lang »abwürgt«. Hierzu meint der französische Dichter und Schriftsteller Henry de Montherlant:

»Die Ehe ist eine Hölle bei gemeinsamen Schlafzimmern; bei getrennten Schlafzimmern ist sie nur noch ein Fegefeuer; ohne Zusammenwohnen wäre sie vielleicht das Paradies.«

Man könnte dies auch so ausdrücken: Besser in jungen Jahren freiwillig getrennte Schlafzimmer haben als im Alter nach einer langen, schlechten Ehe getrennte Schlafzimmer haben **müssen.**

Trotz all dieser Warnungen halten die meisten Menschen unbeirrt an gemeinsamen Schlafzimmern fest. Sie assoziieren damit Nähe und Verbundenheit mit dem Partner. Sie sagen: »Es gibt nichts Schöneres, als mit einem geliebten Menschen eng aneinandergeschmiegt einzuschlafen und sich von den ersten Sonnenstrahlen wecken zu lassen.«

Zugegeben, so etwas mag manchmal sehr reizvoll sein, aber wenn solche Highlights zur Gewohnheit werden, sind sie kaum noch mit einer freudigen Erregung verbunden. Im Gegenteil! Bei zu viel Nähe besteht die Gefahr, dass der Partner allmählich zu nerven beginnt und als Folge immer öfter ein Streit vom Zaun gebrochen wird. Das ist ein untrügliches Zeichen dafür, dass der Gegenpol zur Nähe, nämlich das Schaffen von Distanz, zunehmend an Bedeutung gewinnt.

Und die Paare, die nicht miteinander streiten?

Der Verdacht liegt nahe, dass diese bereits resigniert haben. Sie leben wie siamesische Zwillinge zusammen, für immer zwangsweise miteinander verbunden. Beide sehen sich dann sehr oft im Laufe der Jahre und Jahrzehnte immer ähnlicher. Als Vorbild für eine lebensfrohe, glückliche und leidenschaftliche Beziehung taugen sie sicher nicht.

Achtung Frauen!

Paare, die sehr lange zusammenleben,

werden sich äußerlich immer ähnlicher!

In der zweiten Phase einer realen Partnerschaft ist es wichtig, dass jeder der beiden Partner

1. die Fähigkeit entwickelt hat, ein eigenes Revier zu beanspruchen, es abzustecken, es sich darin gemütlich und bequem zu machen und es ggf. gegenüber Eindringlingen zu verteidigen (Abgrenzungsfähigkeit),
2. über einen eigenen finanziellen Spielraum verfügt, um mehr Sicherheit und Freiheit zu haben und ein gutes Lebensgefühl entstehen zu lassen,
3. sein Leben genießen kann und
4. einen eigenen Lebensstil ausgebildet hat.

Hier kommt das zum Tragen, was wir zu Beginn gesagt haben: Jeder muss zuerst etwas Eigenes haben, sonst ist es gar nicht möglich, im wirklichen Sinne etwas Gemeinsames zu entwickeln.

Es muss also von Anfang an klar sein:

Das ist mein Revier,
das ist das Revier meines Partners,
und das ist unser gemeinsames Revier.

Das ist mein Lebensgenuss,
das ist der Lebensgenuss meines Partners,
und das ist unser gemeinsamer Lebensgenuss.

Das ist mein Lebensstil,
das ist der Lebensstil meines Partners,
und das ist unser gemeinsamer Lebensstil.

Nur so ist gewährleistet, dass jeder der beiden Partner ein Individuum bleiben kann und trotzdem mit dem Partner etwas Gemeinsames hat, das verbindet und jeden stärker macht.

Es ist ein herrliches Gefühl, sich für den Partner und die Partnerbeziehung nicht aufgeben zu müssen, sondern so bleiben zu können, wie man angelegt ist.

Das bedeutet: Man macht das alleine, was man alleine tun will oder was den Partner nicht interessiert, und macht das mit dem Partner gemeinsam, was zusammen mehr Freude bereitet. Hört jemand z. B. gerne sehr laute Musik, so beeinträchtigt dieses Faible den anderen, wenn dieser nicht ebenfalls dieselbe Musik in derselben Lautstärke zur gleichen Zeit hören will. In dieser Phase gilt es also, den Lebensstil des anderen kennen zu lernen und zu prüfen, was vom Lebensstil des anderen mit dem eigenen Lebensstil vereinbar ist, ohne dass es einen belastet, ohne dass man sich verleugnen muss oder sich dabei unwohl fühlt. Was über das, was vereinbar ist, hinausgeht, lebt man alleine. Auf das vorherige Beispiel bezogen, sollte sich der Musikliebhaber ggf. auf sein eigenes Zimmer (eigenes Revier) zurückziehen und dann die Musik (in Zimmerlautstärke oder per Kopfhörer) alleine genießen.

Wer den Lebensstil seines Partners realistisch wahrnimmt, sich mit diesem auseinandersetzt und ihn ohne Vorbehalte akzeptiert, bekommt mit der Zeit eine immer klarere Vorstellung davon, wie sein Partner wirklich ist, und ist weniger versucht, ihm die eigene Vorstellung darüber, wie er sein sollte, aufzuzwingen.

Wir sehen, es ist gar nicht so einfach, die Phase der Verwurzelung der Partnerschaft erfolgreich zu vollziehen. Die meisten Menschen reiben sich in Revierkämpfen auf oder kämpfen darum, ihren eigenen Lebensstil als gemeinsamen durchzusetzen. Deshalb bleiben auch viele Menschen in dieser Phase stecken und kommen gar nicht zur nächsten Entwicklungsstufe, nämlich zur Weiterentwicklung, Verbesserung und Differenzierung der Partnerschaft.

»Das echte Gespräch bedeutet:
aus dem Ich heraustreten
und an die Türe des Du anklopfen.«
(Albert Camus)

3. Phase: Weiterentwicklung, Verbesserung und Differenzierung der Beziehung

- **Partnerschaftliche Kommunikation**
- **Gemeinsamer Aktionsradius**
- **Darstellung als Paar**

Nachdem sich der Partnerschaftsbaum verwurzelt hat, kann er sich nunmehr weiter verästeln und verzweigen – und immer mehr in den Luftraum hineinwachsen. Die Voraussetzung hierfür ist allerdings, dass jeder der beiden Partner fähig ist, all das, was ihn bewegt und was ihm wichtig ist, zu verbalisieren. Doch Kommunikation will gelernt sein!

Nicht selten sind es gerade paarspezifische Störungen in der Kommunikation, die ein dauerhaftes Zusammenleben mit dem Partner erschweren.

Die Ursachen von Kommunikationsstörungen sind vielfältig. Jedes Element der sozialen Kommunikation ist »störanfällig«. Störungen können verursacht werden durch die Persönlichkeitsmerkmale des Senders und des Empfängers (Gefühle, subjektive Wahrnehmungen, geistige Einstellungen, Weltanschauungen, Bewusstseinshaltungen etc.), die Art der Beziehung zwischen Sender und Empfänger, durch die Absicht, die ein Sender verfolgt, die Codierungsfähigkeit des Senders, durch das Medium, den Kanal oder das gewählte Kommunikationsmittel sowie durch die Decodierungsfähigkeit des Empfängers, also dessen Fähigkeit, die Botschaften des Senders richtig zu interpretieren.

Nach S. Sachtleber und M. Schreier von der Universität Heidelberg gibt es acht Verbote, die in einer fairen Argumentation beachtet werden müssen. Sie lauten:

1. Stringenzverletzung:
Unterlasse es, absichtlich in nicht stringenter (folgerichtiger) Weise zu argumentieren.

2. Begründungsverweigerung:
Unterlasse es, deine Behauptungen absichtlich nicht oder nur unzureichend bzw. mit Scheinargumenten zu begründen.

3. Geltungsverzerrung:
Unterlasse es, für und mit etwas zu argumentieren, von dessen Geltung du selbst nicht überzeugt bist.

4. Sinnentstellung:
Unterlasse es, eigene oder fremde Beiträge sowie Sachverhalte absichtlich sinnentstellend wiederzugeben.

5. Unerfüllbarkeit:
Unterlasse es, und sei es auch nur leichtfertig, für solche

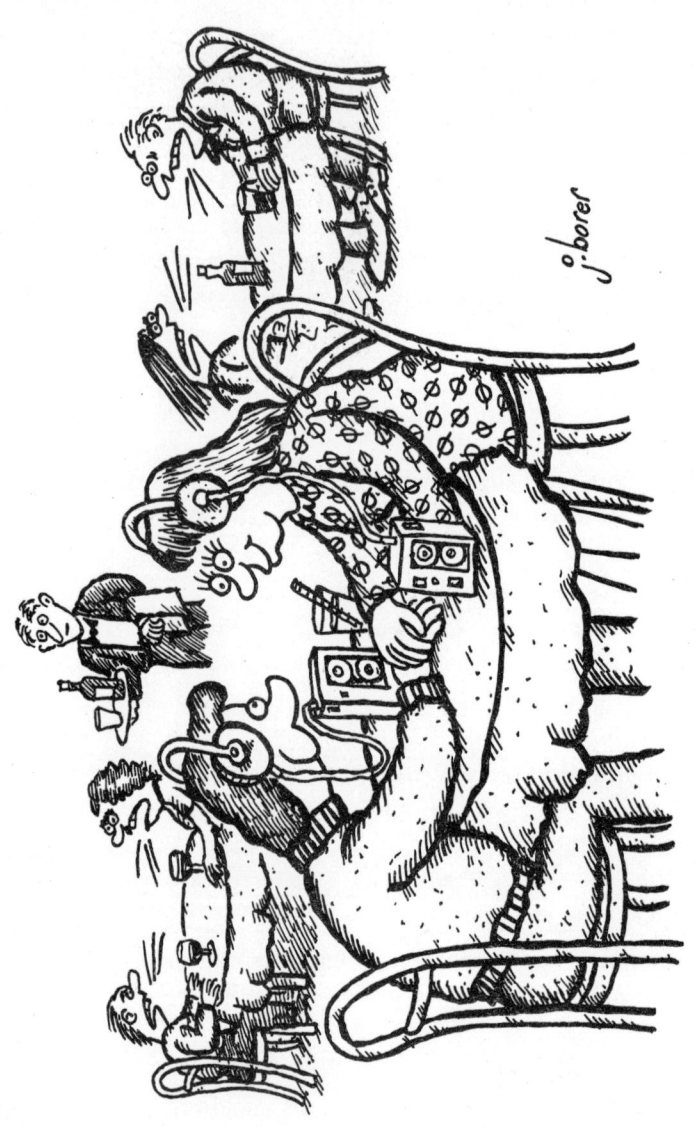

Handlungsaufforderungen zu argumentieren, von denen du weißt, dass sie vom Gegenüber nicht befolgt werden können.

6. Diskreditieren:

Unterlasse es, andere Teilnehmer/-innen absichtlich oder leichtfertig zu diskreditieren.

7. Feindlichkeit:

Unterlasse es, deinen Gegner in der Sache absichtlich als persönlichen Feind zu behandeln.

8. Beteiligungseinschränkung:

Unterlasse es, absichtlich in einer Weise zu agieren, die das Mitwirken anderer Teilnehmer/-innen an einer Klärung einschränkt oder verhindert.

Von einer erfolgreichen Kommunikation spricht man, wenn die an einer Kommunikation beteiligten Personen durch diese ihre Ziele erreichen und die gewünschten und beabsichtigten Wirkungen eintreten.

Außerdem ist von Bedeutung, dass jeder Partner in Zweierbeziehungen über eigene Informationen verfügt und diese weitergeben will. Durch die Informationen des Partners erweitert sich der eigene Horizont. Auch auf diesem Gebiet können wir wieder beobachten:

Zusammen ist man stärker, denn man kann zusammen über mehr Informationen verfügen, als man es als Einzelwesen könnte.

Neben der erfolgreichen partnerschaftlichen Kommunikation und der gegenseitigen Weitergabe von Informationen spielt in dieser Phase auch der gemeinsame Aktionsradius eine wichtige Rolle. Jeder der beiden Partner sollte sich selbst und dem anderen das Recht auf einen eigenen Aktionsradius zugestehen, d. h., jeder darf nach wie vor (trotz Partnerschaft) seine Bezugspunkte in der äußeren Welt aufsuchen und dort agieren. Aber die beiden haben auch einen gemeinsamen Aktionsradius, also Bezugspunkte, bei denen sie sich als Paar präsentieren.

Das Allerwichtigste in dieser Phase ist jedoch, dass sich jeder Partner überlegt, was er selbst und was beide gemeinsam tun können, um ihre Beziehung zu befruchten und zu verbessern.

Sehr viele Paare leben einfach in den Tag hinein, ohne sich groß Gedanken darüber zu machen. Deshalb ist es nicht verwunderlich, dass deren Beziehungen im Laufe der Zeit an Reiz verlieren, in Ritualen erstarren und immer weniger Befriedigung vermitteln.

Entscheidend ist hier, dass man sich selbst, seinem Partner und der gemeinsamen Beziehung wohlwollend gegenübersteht, also dass man es gut mit seinem Partner meint und bereit ist, an der Beziehung zu arbeiten.

Das »Geheimrezept« für eine erfolgreiche Weiterentwicklung der Partnerschaft lautet:

Jeder muss dafür Sorge tragen, dass es ihm gut geht und dass es seinem Partner gut geht. Denn wenn immer gleich zwei Menschen darauf schauen, dass es einem gut geht, dann muss es einem doch gut gehen.

»Etwas sehr Kostbares in deinem Leben ist deine Identität.
Deine eigene Persönlichkeit. Du bist jemand.
Ein Mensch mit einem eigenen Gesicht, einer eigenen Seele.
Sehr ursprünglich bist du.
Über diese eigene Persönlichkeit kannst du dich nicht genug
freuen. Sie gibt es nur einmal.
So wie du ICH sagst, sagt niemand ICH.
So wie dein Name klingt, klingt kein anderer Name.
Deine Identität ist dein größter Besitz.
Sie ist deine Erscheinungsform, deine Gestalt in dieser Welt.
Damit stehst und fällst du.
Ohne Identität stellst du nichts dar.
Namenlos, ein Mensch ohne Gesicht.«

4. Phase: Gemeinsame Intimität und Vertrautheit/ Gemeinsame Geborgenheit

Geht es in der dritten Phase primär darum, die Partnerschaft weiterzuentwickeln und auszubauen, sich als Paar im
Selbstausdruck (Rede, Aktionsradius etc.) aufeinander abzustimmen, sich gegenseitig zu tolerieren und sich gemeinsam als Paar zu zeigen, so gilt es in der vierten Phase, sich
auf die seelische Eigenart, das Wesen und die Gefühlswelt
des anderen einzustellen. Dies ist jedoch nur möglich, wenn
man zuerst selbst Kontakt zur eigenen Seele, zur eigenen
Natur, zum eigenen Wesen und zur eigenen Identität aufge-

nommen hat, also mit sich selbst intim und vertraut geworden ist. Hier heißt es also, die Maxime »Erkenne dich selbst!« zu beherzigen, zu verstehen, wer man war, wer man ist und wer man sein könnte. Nur wer seine Identität[*] entdeckt hat und schließlich auch zu leben imstande ist, kann in sich geborgen sein.

Wenn auch der Partner in sich geborgen ist, entsteht eine paarspezifische gemeinsame Geborgenheit. Erst wenn man einen Zugang zu den eigenen Bedürfnissen und Beweggründen sowie seinen positiven und negativen Gefühlen gefunden hat, kann man auch seinen Partner in dessen seelischer Eigenart und Natur annehmen und akzeptieren. Nur aus dieser gegenseitigen Akzeptanz kann eine gemeinsame Intimität und Vertrautheit erwachsen, nach der sich so viele Menschen sehnen.

Wer hingegen seine wahre Natur unterdrückt, ist logischerweise kaum in der Lage, die seelische Eigenart und das individuelle Wesen des anderen zuzulassen. Er kann den anderen nicht so sein lassen, wie er ist, sondern will ihn verändern.

Und noch ein Faktor ist in diesem Zusammenhang wichtig: Wenn beide Partner sich anschicken, ihre eigene Natur bzw. das Wesen ihrer Partnerschaft zu entdecken, dann können sie schließlich auch die menschliche Natur schlechthin erkennen, d. h. erfassen, was ihr entspricht und was nicht.

Es geht hierbei also darum, dass man sich seelisch offen begegnet, ohne den anderen zu entwerten oder zu verur-

---

[*] Vgl. Hermann Meyer: »Die eigene Identität – Wie man sie findet und erfolgreich verwirklicht«, Trigon-Verlag, München.

teilen. Gemeinsam zu empfinden bedeutet nicht, Gleiches empfinden zu müssen – orientiert an einer vorgegebenen Norm –, sondern, dass jeder seine Gefühle in die Partnerschaft einbringt bzw. sie als eigenständiges Individuum mit seinem Partner austauscht. Dies bewirkt ein Zusammengehörigkeitsgefühl, eine eigene Art der Intimität. Diese ist nicht wiederholbar, weil sie aus der Übereinstimmung zweier einzigartiger Lebewesen erwächst. Mit einem anderen Partner hätte man also eine völlig andere Art von Intimität, denn jeder löst im anderen andere Empfindungen und Gefühle, andere seelische Regungen und andere Bewusstwerdungsprozesse aus.

Die vierte Phase ist also dadurch gekennzeichnet, dass man Bescheid weiß über Herkunft und Prägung des anderen, über seine Schwächen, Hemmungen und Ängste, über sein wahres Wesen, das meist gegenüber der Umwelt verborgen gehalten wird, und dass man diese Identität annimmt, toleriert und respektiert. Man weiß dann erheblich mehr über den Partner als dessen Verwandte und Freunde. Man hat das Vertrauen, sich einander seelisch zu öffnen. Erst dann verdient der andere wirklich den Namen *Intimpartner*. Diese Entwicklungsphase wird durch den in voller Blüte stehenden Partnerschaftsbaum symbolisiert.

»Unser Glück hängt nicht davon ab,
was wir wissen,
sondern von dem,
was wir davon verwirklichen.«

5. Phase: Gemeinsames Management der Beziehung

- **Gemeinsame Handlungen**
- **Gemeinsame Unternehmungen**
- **Gemeinsame Kreativität**
- **Gemeinsame Erlebnisse**

In dieser Phase werden die Blüten des Partnerschaftsbaumes befruchtet, es kommt also zur Fruchtbildung. Auch hier ist es notwendig, zuerst alleine die Anlagen und Fähigkeiten auszubilden, um sie schließlich auch für die Gemeinschaft verwenden zu können.

Zuerst geht es darum zu lernen, das eigene Unternehmen »Menschsein«, das eigene Leben zu managen, ehe man dazu übergehen kann, das gemeinsame Unternehmen »Partnerschaft« zu befruchten.

Gemeinsamkeit bedeutet auch hier nicht die Aufgabe der eigenen Individualität, sondern das Einbringen z. B. der Fähigkeit zur Selbstständigkeit, der unternehmerischen und schöpferischen Fähigkeiten sowie der Handlungsfähigkeit in die Partnerschaft. Hat der Partner diese Fähigkeiten – auf welche Art und Weise auch immer – ausgebildet, werden die eigenen Anlagen ergänzt und verstärkt. Dadurch ist man zu Leistungen fähig, die man alleine nicht vollbringen könnte. Zusammen hat man einfach mehr Power, mehr Durchschlagskraft, mehr Kreativität. Zusammen kann man größere Projekte durchziehen, besser managen, mehr zuwege bringen.

Allerdings kommt es hierbei darauf an, sich mit seinem Partner abzustimmen, sich mit ihm zu arrangieren und mit ihm zu kooperieren, damit kein Leerlauf und keine Missverständnisse entstehen, dass z. B. Dinge nicht doppelt gemacht werden.

In einer gewachsenen Partnerschaft kann jeder selbstständig etwas unternehmen, er nimmt also nur dann an gemeinsamen Unternehmungen teil, wenn sein Wollen mit dem des Partners übereinstimmt. Er entscheidet sich frei für die Gemeinsamkeit und nicht aufgrund eines Defizits, weil es ihm z. B. an eigener Handlungs- und Erlebnisfähigkeit fehlt oder weil er Angst davor hat, bei Nichtteilnahme an einer Unternehmung seinen Partner zu verärgern oder gar zu verlieren bzw. gegen die Norm zu verstoßen, nach der es in einer Partnerschaft nur gemeinsame Unternehmungen geben darf.

Doch das Schönste ist: Aufgrund der Selbstständigkeit und der Handlungsfähigkeit des Partners kann man selbst frei sein. Oder anders ausgedrückt: So wie derjenige Partner, der über eigene Informationen verfügt und diese weiterzugeben vermag, bei einem eine Horizonterweiterung erwirkt, so erwirkt ein selbstständig handelnder Partner, ein Partner, der auch alleine im Leben gut zurechtkommt, bei einem Freiheit und Unabhängigkeit.

Insofern wird auch klar, dass man aufgrund eines eigenen Defizits oder Unvermögens nicht nur sein eigenes Leben erschwert, sondern damit auch ganz massiv seine Partnerschaft belastet.

Eine Partnerschaft lässt sich mit einer Fusion zweier Firmen vergleichen. Wenn zwei erfolgreiche Unternehmen fusionieren, werden sie in der Regel stärker und effizienter. Sie können dadurch u. U. sogar Marktführer in einer bestimmten Branche werden.

Gehen hingegen zwei Unternehmen zusammen, über deren Firmensitz bereits der »Pleitegeier« kreist, wird die Situation durch den Zusammenschluss meist noch prekärer. Fusioniert ein blühendes Unternehmen mit einem maroden, wird es meist erheblich geschwächt – dazu gibt es viele Beispiele.

Hier die Auswirkungen der drei möglichen Konstellationen:

+ und + → Die Partner stärken sich gegenseitig.

– und – → Die Partner schwächen sich gegenseitig.

+ und – → Ein Partner wird geschwächt, der andere gestärkt (bzw. halbe Schwächung oder halbe Stärkung).

»Ich liebe dich, wie du bist, während du auf der Suche bist
nach deiner eigenen besonderen Art, mit der Welt um dich
herum in Beziehung zu treten.
Ich ehre deine Entscheidungen, auf welche Weise du
deine Lektionen lernen möchtest. Ich weiß, dass es
wichtig ist, dass du genau der Mensch bist, der du sein
möchtest, und nicht der, den ich oder andere erwarten.
Es ist mir klar, dass ich nicht weiß, was für dich
das Beste ist, obwohl ich vielleicht
manchmal meine, es zu wissen.«

6. Phase: Partnerschaftsanalyse

- **Gemeinsame Wahrnehmung**
- **Gemeinsame konstruktive Kritik**

In die sechste Phase der Entwicklung als Paar kann nur treten, wer seine Gefühle zeigen, Selbstkritik üben und analysieren kann.

Ist ein Partner nicht zur Selbstkritik fähig – ein weit verbreitetes Manko –, kann diese sechste Phase nicht absolviert werden; denn hier geht es um die gemeinsame Analyse, um die Analyse dessen, was in letzter Zeit in der Beziehung günstig oder ungünstig gelaufen ist sowie der Gründe dafür.

Es wäre für die gemeinsame Entwicklung enorm hilfreich, wenn man einen bestimmten Abend im Monat (z. B. jeden ersten Montag eines Monats) für die Partnerschaftsanalyse reservieren würde. An diesem Abend kann jeder, ohne vom anderen deshalb entwertet, angegriffen oder verurteilt zu werden (warum dies kontraproduktiv ist, wurde ja bereits in der vierten Entwicklungsphase aufgezeigt), all das zum Ausdruck bringen, was ihn in Bezug auf den Partner und die Beziehung bewegt.

Während dieser Partnerschaftsanalyse werden die Probleme und Konflikte der letzten Tage oder Wochen besprochen und – wenn möglich – gelöst. Auf diese Weise findet eine regelmäßige seelische Reinigung statt, die zugleich eine Prophylaxe gegen Unfälle und Krankheit darstellt. Wer nicht mehr gezwungen ist, Probleme und Konflikte zu verdrängen, muss diese nicht mehr über körperliche Symptome symbolisch am Leib ausdrücken.

Hinzu kommt, dass man in dieser Phase die Gelegenheit bekommt, sich selbst und seinen Partner noch besser kennen zu lernen; denn wenn man z. B. herausfindet, warum dieser in einer bestimmten Situation auf eine ganz bestimmte Weise und nicht anders reagiert hat, kann man die Hintergründe wahrnehmen und sein Bewusstsein erweitern.

Nur ständiges Nachfragen nach dem Warum, nach den Ursachen von Gefühlen, Gedanken, Worten und Taten bringt einen weiter und lässt das Verständnis und die Toleranz entstehen, die für eine dauerhafte und glückliche Beziehung unabdingbar sind.

Auch kann die Hürde der Normen und Ideale des Milieus und der Kultur leichter genommen werden, sobald man dadurch erkannt hat, dass sich die wirkliche menschliche Natur jenseits von der gängigen Moral und Konvention befindet.

Fazit: In der Partnerschaftsanalyse sollte jeder offen und ehrlich seine Gefühle zeigen, damit dem anderen ermöglicht wird zu erkennen, welche Gefühle bei ihm ausgelöst worden sind. Dieses gegenseitige Feedback verbessert auch erheblich die gemeinsame Intimität und Vertrautheit, wirkt also auch auf die vierte Phase der Beziehung positiv zurück.

Bringen die Partner ihre gesamten gefühlsmäßigen Reaktionen, d. h. auch Hass, Wut, Neid, Aggression, Trauer, Enttäuschung etc., offen zum Ausdruck, stellen darüber hinaus die allgemein geltenden Normen, Maßstäbe und Ideale infrage, die gegen die menschliche Natur gerichtet sind, und verbessern ihre Fähigkeit, Hintergründe wahrzunehmen, dann bestehen gute Aussichten, dass sie ihren bisherigen Schicksalsrahmen, der von außen vorgegeben wurde, verlassen und unabhängiger von den gerade geltenden Idealen ihr Leben gestalten können.

»Ich will wissen, wonach du dich sehnst und ob du die
Erfüllung deines Herzenswunsches zu träumen wagst.
Ich will wissen, ob du es riskierst, dich zum Narren zu
machen, auf deiner Suche nach Liebe, nach deinem Traum,
nach dem Abenteuer des Lebens.«
(Oriah Mountain Dreamer)

7. Phase: Gemeinsamer Weg/ Gemeinsamer Gesetzeskodex/ Gemeinsame Ziele

Nachdem man sich in der sechsten Phase gemeinsam seelisch »gereinigt« hat, ist es möglich, gemeinsame Wege und
Ziele zu konzipieren. Jeder geht dabei seinen eigenen Weg,
respektiert den Weg des anderen und beschreitet zusammen
mit dem Partner auch einen gemeinsamen Weg.

Es ist ein wunderbares Gefühl zu wissen, dass es jemanden gibt, dem der eigene Lebensweg nicht gleichgültig ist,
der diesen Lebensweg bejaht und unterstützt, und es ist ein
genauso schönes Gefühl, den Lebensweg des Partners fördern und bereichern zu dürfen. Jeder kann dadurch seinen
Weg mit mehr Selbstbewusstsein, schneller und effizienter
gehen.

Wer einen Weg beschreitet, ohne zu wissen, wohin er
führt, geht fast immer in die Irre. Deshalb braucht jeder
auch eigene Ziele, die dem eigenen Wesen, der eigenen
Identität sowie den eigenen Bedürfnissen und Wünschen

entsprechen; aber man braucht auch lohnende gemeinsame Ziele.

Auf diese Weise kann man gemeinsam glücklicher sein, als es jeder allein sein könnte.

Das Wichtigste in dieser Phase ist, dass das Paar dazu übergeht, einen eigenen »Gesetzeskodex« festzulegen. Dieser Schritt ist unbedingt nötig, weil man sonst von den Maßstäben, Normen und Idealen der jeweiligen Kultur und Zeitepoche bestimmt wird und darauf nur **reagieren** kann. Mit anderen Worten: Wenn das Paar für sich selbst die Regeln nicht festlegt, die für sein Zusammenleben gelten sollen, steht es unter dem Einfluss der pauschalen Regeln und Normen. Dies führt meist früher oder später zu Krankheit und Leid, denn jede pauschale Regel oder Norm verletzt die Individualität des Einzelnen, zwingt ihn zu verdrängen, sich zu verleugnen, sich zu verbiegen, kurzum, sein wahres Selbst zu unterdrücken. Wie soll da eine erfüllende, glückliche Partnerschaft möglich sein? Und dennoch glauben die meisten Menschen, dass dies auch ohne Infragestellung der geltenden Moral und Konvention möglich ist.

Doch nur, wenn beide Partner selbst herausfinden und festlegen, was für sie relevant und gut ist, haben sie eine Chance auf dauerhaftes Glück. Ein solcher Gesetzeskodex, der eine Orientierung für das Zusammenleben vorgibt, enthält u. a. paarspezifische Regelungen der Kindererziehung, paarspezifische Regelungen der Haushaltsführung, eine paarspezifische Regelung der Finanzen, eine paarspezifische Ethik und eine paarspezifische Kompetenzverteilung.

Paarspezifisch heißt, dass der Kodex auf die Schwächen

und Stärken sowie auf die individuellen Bedürfnisse, Wünsche und Träume beider Partner zugeschnitten ist.

So muss A mit B einen anderen Gesetzeskodex entwerfen als A mit C oder D, d. h., ein einmal aufgestellter Gesetzeskodex kann nicht ohne weiteres auf eine andere Partnerschaft übertragen werden, weil der neue Partner wieder andere Defizite und Fähigkeiten aufweist, über andere finanzielle Mittel verfügt bzw. bei ihm andere Rahmenbedingungen vorherrschen.

Ein Beispiel für eine pauschale Norm ist die gut gemeinte, insbesondere in Großstädten weit verbreitete Regelung, die besagt, dass jeder ca. 50 % der Hausarbeit und der Kindererziehung zu übernehmen hat; doch ohne Beachtung der persönlichen Eigenart, der individuellen Prägungen, der beruflichen Stellung und der individuellen Talente beider Partner ist deren Befolgung kontraproduktiv. Oberstes Prinzip bei allen paarspezifischen Regelungen ist der Schutz der persönlichen Eigenart und der Individualität jedes Partners.

Solche Regelungen können die Einstellung einer Hausangestellten oder eines Kindermädchens betreffen, den Umzug in eine Wohngegend mit einer besseren Infrastruktur, den Kauf eines Zweitwagens usw.

Gerade bei dem Entwurf eines paarspezifischen Gesetzeskodex wird deutlich, wie groß die Möglichkeiten eines Paares sind, das Schicksal ihrer Partnerschaft selbst in die Hand zu nehmen und sich mehr und mehr von einer naiven Schicksalsgläubigkeit zu befreien. Wenn jeder sein eigenes Leben selbst gestalten und das Schicksal seiner Partnerschaft mitbestimmen kann, ist ein großer Sieg gelungen.

Man ist den Weg von der Unbewusstheit zur Bewusstheit

erfolgreich gegangen und kann voller Stolz sagen: »Ich bin meiner selbst mächtig und ich habe Macht und Einfluss auf meine Partnerschaft. Ich habe es selbst in der Hand, ob ich glücklich oder unglücklich bin. Ich bin mein Schicksal. Wir sind unser Schicksal.«

Anhang

Fähigkeiten des Menschen

Durchsetzungsfähigkeit
Selbstbehauptung
Entfaltung der eigenen Triebe

Abgrenzungs- und Genussfähigkeit
Fähigkeiten, ökonomisch zu denken
Fähigkeit, sich abzusichern
Fähigkeit, einen realen Eigenwert zu entwickeln

Kommunikationsfähigkeit
Fähigkeit, mit Technik umzugehen
Fähigkeit, sich einen eigenen Aktionsradius zu schaffen
Fähigkeit, sich frei zu bewegen

Fähigkeit, Zärtlichkeit zu schenken und zu empfangen
Fähigkeit, Geborgenheit zu schaffen und zu vermitteln
Fähigkeit zu fühlen
Fähigkeit, sich in andere einzufühlen
Fähigkeit, die Stimme des Lebens zu hören
Fähigkeit, seine eigene Identität zu entdecken

Fähigkeit zur Selbstständigkeit
Fähigkeit, schöpferisch zu sein
Fähigkeit zum natürlichen Umgang mit Sexualität

Orgasmusfähigkeit
Handlungsfähigkeit
Managementfähigkeiten
Fähigkeit, unternehmerisch zu handeln

Wahrnehmungs- und Beobachtungsfähigkeit
Fähigkeit, analytisch zu denken
Kritikfähigkeit
Fähigkeit, Gefühle zu zeigen
Anpassungsfähigkeit
Fähigkeit, sein Wesen in seiner Arbeit auszudrücken
Reinlichkeit

Kontaktfähigkeit
Partner- und Begegnungsfähigkeit
Friedensfähigkeit
erotische Fähigkeiten
Fähigkeit, einen eigenen Geschmack zu entwickeln und
auszudrücken
Fähigkeit zur Assoziation

Beziehungsfähigkeit
Fähigkeit, sich zu binden
Fähigkeit, Pläne und Konzepte zu entwickeln
Fähigkeit, sich eine eigene Meinung zu bilden
Fähigkeit, eigene Vorstellungen zu entwickeln
Fähigkeit, den eigenen Weg zu gehen
Fähigkeit, Macht über sich selbst zu gewinnen
Fähigkeit, ein eigenes Lebensprogramm zu entwerfen und
danach zu leben

Fähigkeit zur Toleranz
Einsichtsfähigkeit
Fähigkeit zur eigenen Sinnfindung
Fähigkeit, eine eigene Weltanschauung und Lebensphilosophie zu entwickeln
Fähigkeit zur ständigen Weiterbildung
Fähigkeit, sich selbst zu fördern und zu beglücken

Fähigkeit, die eigenen Rechte zu entdecken und durchzusetzen
Fähigkeit, Verantwortung zu übernehmen
Fähigkeit, eigene Ziele zu entwickeln
Fähigkeit, nach den Lebensgesetzen zu leben
Fähigkeit, seine Berufung wahrzunehmen

Fähigkeit, sich zu emanzipieren und zu befreien
Fähigkeit zur Unabhängigkeit
Fähigkeit, neue Ideen einzubringen
Fähigkeit, etwas zu erfinden
Fähigkeit, seine Freizeit zu gestalten
Fähigkeit zur Mitbestimmung
Fähigkeit, für Abwechslung zu sorgen
Fähigkeit zur Antizipation

Fähigkeit, Phantasie zu entwickeln
Fähigkeit, Überkommenes aufzulösen
Fähigkeit, Alternativen zu entwickeln
Fähigkeit, Verantwortung zu praktizieren
Fähigkeit, Hintergründe aufzudecken

Begriffserklärungen

Überich:

Der Maßstab von Gut und Böse ist identisch mit dem erlernten Gewissen bzw. mit dem Überich. Das Überich ist die durch Kindheitseindrücke, Erziehungseinflüsse und sonstige Umwelteinflüsse erworbene psychische Instanz. Es entsteht durch Introjizierung von Normen, Vorschriften, Geboten und Verboten der Umwelt in die seelische Welt. Dabei spielt es keine Rolle, ob die entsprechenden Normen oder Tabus ausgesprochen werden oder unausgesprochen bleiben. Dieses ins Innere aufgenommene Kontrollsystem, das dem Individuum von seinen Eltern und anderen erwachsenen Autoritätspersonen eingepflanzt wurde, verlangt Gehorsam.

Gesetz der Affinität:

Dieses Schicksalsgesetz besagt, dass eine Verwandtschaft, eine Entsprechung besteht zwischen der Innenwelt und der Außenwelt, dass das, was uns außen begegnet, auch in uns wohnt, dass die äußeren Symbole, die uns umgeben, Widerspiegelungen unseres Innenlebens sind.

Gesetz der Wiederkehr des Verdrängten:	Durch Verdrängung werden Inhalte nicht einfach aus dem Seelenleben gelöscht, sondern ruhen dort latent und kehren eines Tages wieder. Sie werden unbewusst auf andere Personen sowie auf materielle Gegenstände, die das verdrängte Potential symbolisieren, projiziert.
Kollektivneurose (2. Natur):	Die dem Menschen »aufgepfropfte« Natur. Das Wesen der Kollektivneurose besteht darin, dass die menschlichen Anlagen und Fähigkeiten in ihrer Entwicklung durch Normen gehemmt werden. Aufgrund dieser Blockierung der Anlagen kommt es zu den sogenannten Abwehr- und Anpassungsmechanismen, die summa summarum die 2. Natur bilden. Der Einzelne strebt nicht mehr danach, seine Anlagen und Fähigkeiten zu entwickeln, sondern nur noch nach Ersatz (Surrogatkultur).

Wahre Natur (1. Natur):	Die unter dem künstlichen Überbau der 2. Natur verborgene, wirkliche Natur des Menschen. Wem es gelingt, die von der Natur angelegten Talente und Fähigkeiten zu entfalten, bringt seine Energien in freien Fluss und betreibt dadurch aktive Schicksalsprophylaxe.
Elternrollenspieler:	Der Elternrollenspieler tut so, als ob er den Normen und Idealen der Kultur- und Zeitepoche entsprechen könnte. Er fühlt sich den Kindrollenspielern überlegen, er belehrt, maßregelt, kontrolliert und straft.
Kindrollenspieler:	Der Kindrollenspieler lässt sich von den Normen und Idealen der Kultur- und Zeitepoche hemmen. Er wiederholt das Rollenverhalten, das er früher bei seinen Eltern gezeigt hat, auf einer neuen Ebene. Er lässt sich indoktrinieren, maßregeln, kontrollieren und strafen.

Bibliografie

Anne Moir, David Jessel: Brainsex, Düsseldorf 1993

Paul MacLean: A Triune Concept of the Brain and Behaviour, Toronto Univ. Press, 1973

Hermann Meyer: Die eigene Identität, München 2000
Psycho-Anti-Aging, München 2001
Jeder bekommt den Partner, den er verdient, München 2009

Peter Harten: So funktioniert unsere Wirtschaft, München 1991

Ortwin Frömsdorf: Praktische Wirtschaftskunde für jedermann, Düsseldorf 1981

Erich Neumann: Zur Psychologie des Weiblichen, München 1975

Eine glückliche und langfristig tragfähige
Partnerschaft zu führen ist lernbar – unabhängig
von Alter und Beziehungsdauer.

Der Beziehungs-Führerschein

In den Kursen zum »Beziehungs-Führerschein« werden Grundkenntnisse sowie Gesetzmäßigkeiten und Regeln vermittelt, die im körperlichen, seelischen und geistigen »Verkehr« mit einem Partner wichtig sind. Die Teilnehmer lernen, irreale Verhaltensweisen, neurotische Spiele, falsche Annahmen und (Schuld-)Projektionen zu durchschauen, und erfahren, was sie tun können, um

a) einen Partner anzuziehen, der zu ihnen passt,
b) Beziehungsprobleme zu lösen und
c) eine erfüllende, glückliche Partnerschaft aufzubauen.

Wer den Beziehungs-Führerschein gemacht hat, kann die erworbenen Fähigkeiten zum einen für sich selbst nutzen, zum anderen verfügt er damit über den Nachweis, dass er in der Lage ist, Menschen, die einen Partner suchen, aktuell in Partnerschwierigkeiten stecken oder ihre Beziehung verbessern wollen, kompetent zu beraten.

Grundkurs I: **Anziehung eines passenden Partners**
(u. U. auch Kennenlernen eines potentiellen Partners im Seminar)

Grundkurs II: Lösung von Beziehungsproblemen

Grundkurs III: Aufbau einer erfüllenden Partnerschaft

Nach dem dritten Grundkurs ist eine mündliche und schriftliche Prüfung (freiwillig) vorgesehen.

Bei Bestehen wird das Zertifikat »**Beziehungs-Führerschein**« ausgehändigt.

Veranstaltungsorte: München, Wien, Zürich
(jeweils begrenzte Teilnehmerzahl)

Gebühr pro Wochenendkurs: 200,– €

Basisliteratur: »Jeder bekommt den Partner, den er verdient«
»Die eigene Identität – Wie man sie findet und erfolgreich verwirklicht«
»Das Schicksal würfelt nicht«

Partnership-Academy
Leitung: Hermann Meyer
Waldparkstraße 32c
85521 Ottobrunn bei München
Tel.: 089-2 60 88 42
Fax: 089-2 60 39 59
E-Mail: info@partnership-academy.com
Homepage: www.partnership-academy.com

Die Lebenshilfe-Klassiker von Hermann Meyer

Was ist Schicksal, und wie kann man lernen, sich aus seinen Zwängen zu befreien? Hermann Meyer beweist anhand eindrucksvoller Beispiele, dass Schicksal nichts Determiniertes oder von höherer Hand Festgelegtes ist, sondern von jedem selbst erschaffen wird.

ISBN 978-3-442-21875-2

Den Traumpartner, wer hätte ihn nicht gerne? Hermann Meyer zeigt überzeugend, wie wichtig es ist, sich die eigenen problematischen Denk- und Verhaltensmuster vor Augen zu führen, um wieder frei zu sein für einen bewussten, kreativen Umgang in der Beziehung. Wer sich auf diesen Weg einlässt, wird auch den Partner anziehen, den er sich wünscht!

ISBN 978-3-442-21873-8

GOLDMANN
ARKANA

Überall, wo es Bücher gibt und unter www.arkana-verlag.de

»Durchdacht und fesselnd ... Sie werden kaum eine bessere Darstellung darüber finden, wo genau Ihre Nahrung herkommt.«

(New York Times Book Review)

272 Seiten
ISBN 978-3-422-21872-1

Pollan reduziert seine Ernährungstipps auf den Satz: »Esst Nahrung, nicht zu viel und überwiegend Pflanzen« und plädiert im Übrigen dafür, das Essen dem gesunden Menschenverstand zu überlassen. Ein vergnüglicher Antiratgeber, der uns endlich die Lust am Essen zurückgibt.